Es war das letzte große Abenteuer in der Entdeckungsgeschichte unseres Planeten, der dramatische Kampf zweier Männer und ihrer Expeditionen um die Eroberung des geographischen Südpols.

Am 14. Dezember 1911 steht der Norweger **Roald Amundsen** mit vier Männern und achtzehn Schlittenhunden am Südpol. »Ich will lieber aufrichtig sein«, notiert er in sein Tagebuch, »und geradeheraus erklären, daß wohl noch nie ein Mensch in so völligem Gegensatz zu dem Ziel seines Lebens stand wie ich bei dieser Gelegenheit«. Das Ziel seines Lebens, den Nordpol, hatte zwei Jahre zuvor bereits ein anderer erreicht, Robert Peary. Amundsen dagegen eroberte das Lebensziel eines anderen, der zu diesem Zeitpunkt noch 640 Kilometer hinter den Norwegern um den Ausstieg aus dem Beardmore-Gletscher kämpft. Vier Wochen später, während die Norweger ihr Basislager auf dem Ross-Schelfeis bereits abbrechen, steht **Robert Falcon Scott** mit der britischen Polmannschaft am Ziel und pflanzt neben die norwegische Flagge die des britischen Empires. »Wir haben dem Ziel unseres Ehrgeizes mit schmerzlichen Gefühlen den Rücken gewandt, haben 800 Meilen anstrengenden Schlittenziehens vor uns – und müssen uns von den meisten Tagträumen trennen. 19. Januar 1912. Scott.« Im November 1912 werden ihre erfrorenen Körper gefunden, während Amundsens Reisebericht über die Entdeckung des Südpols auf dem Buchmarkt erscheint, der mit den Worten beginnt: »Ich sitze im Schatten der Palmen, umgeben von einer üppigen Vegetation, schwelge im Genuß herrlicher Früchte und schreibe die Geschichte der Südpolarforschung.«

Rainer-K. Langner erzählt die Geschichte zweier Männer, die von Herkunft, Erziehung und Charakter unterschiedlicher nicht hätten sein können, als eines der spannendsten Kapitel in der Entdeckungsgeschichte. Sie sind sich nie begegnet. Doch die Faszination der eisigen Wildnis und der aufgepeitschte Nationalismus der europäischen Vorkriegszeit, die nichts nötiger brauchte als Helden, trieb sie in ein Duell auf Leben und Tod, in dem nur einer siegen konnte.

Rainer-K. Langner, geboren 1942, lebt in Berlin als freiberuflicher Autor und Publizist, Literatur- und Theaterkritiker. Er arbeitet für Presse, Hörfunk und Fernsehen.

Unsere Adresse im Internet: www.fischer-tb.de

Rainer-K. Langner

Duell im ewigen Eis

Scott und Amundsen oder
Die Eroberung des Südpols

Fischer Taschenbuch Verlag

Lektorat: Martin Rethmeier

Originalausgabe
Veröffentlicht im Fischer Taschenbuch Verlag GmbH,
Frankfurt am Main, August 2001

© Fischer Taschenbuch Verlag GmbH, Frankfurt am Main 2001
Gesamtherstellung: Clausen & Bosse, Leck
Printed in Germany
ISBN 3-596-14908-8

Inhalt

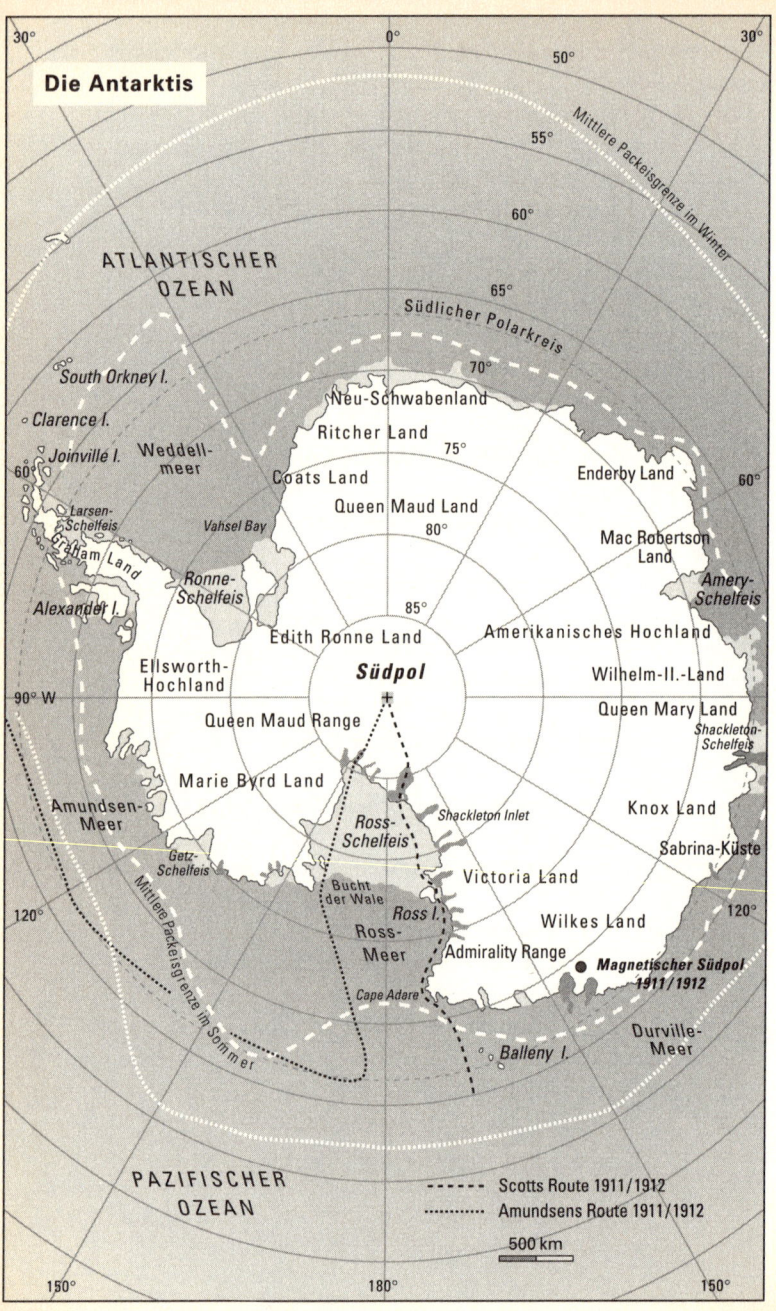

Die Antarktis

30°   0°   30°

50°

55°

Mittlere Packeisgrenze im Winter

ATLANTISCHER
OZEAN

60°

Südlicher Polarkreis

65°

South Orkney I.

70°

Clarence I.

Neu-Schwabenland

Joinville I.   Weddell-
meer

Ritcher Land

75°

Enderby Land

60°

Coats Land

Larsen-
Schelfeis

Vahsel Bay

Queen Maud Land

80°

Mac Robertson
Land

Graham Land

Alexander I.

Ronne-
Schelfeis

Ronne-
Schelfeis

85°

Amery-
Schelfeis

Edith Ronne Land

Amerikanisches Hochland

Ellsworth-
Hochland

Südpol

Wilhelm-II.-Land

90° W

Queen Maud Range

Queen Mary Land

Shackleton-
Schelfeis

Marie Byrd Land

*Ross-
Schelfeis*

Shackleton Inlet

Knox Land

Amundsen-
Meer

Bucht
der Wale

Getz-
Schelfeis

Ross I.

Victoria Land

Sabrina-Küste

120°

Ross-
Meer

Wilkes Land

120°

Admirality Range

● *Magnetischer Südpol
1911/1912*

Cape Adare

Mittlere Packeisgrenze im Sommer

Balleny I.

Durville-
Meer

PAZIFISCHER
OZEAN

- - - - - Scotts Route 1911/1912
·········· Amundsens Route 1911/1912

500 km

150°   180°   150°

1. Ankunft der Gladiatoren

Ich bin der Meinung, dass nur ein Engländer zum Südpol gelangen sollte.

Robert Falcon Scott

Ich will Sie nicht mit der Frage belästigen, wie Sie mich als Schwindler finden. Mein Gott, wenn es nötig ist, Akrobat zu sein, muss man eben in den sauren Apfel beißen und einer werden.

Roald Amundsen

Am 29. November 1910 bugsieren Lotsenboote den englischen Drei-master *Terra Nova* unter Kapitän zur See Robert Falcon Scott aus dem Hafen von Port Chalmers in die offene See vor Neuseeland. An Land werden Hüte und Mützen in die Luft geworfen. Auf dem Ha-fendamm schmettert eine Kapelle *God save the King*, während an Bord des Expeditionsschiffs die Mannschaft militärisch exakt zur Ehrenbezeigung erstarrt. Es ist die dritte Nachmittagsstunde und strahlender Sonnenschein liegt über der Szene. Kleine Boote, voll besetzt mit Schaulustigen, und mehrere Schlepper eskortieren die *Terra Nova*, deren Segelmanöver mit lautem Jubel quittiert werden. Irgendwann nimmt der Dampfsegler eigene Fahrt auf, fallen erst die Boote, dann die Schlepper zurück. Neuseelands Küste versinkt all-mählich hinter dem Horizont. Nicht alle Männer an Bord werden Port Chalmers wiedersehen.

Der Kurs ist gesetzt, dem geheimnisvollen, weißen Kontinent entgegen, immer südwärts, den 170. Längengrad östlich von Green-wich herunter. Aus der imaginären Linie wird schnell ein Schlinger-kurs. Das Gradnetz, das Kartographen über die Erde geworfen ha-ben, ist eine mathematische Abstraktion, um die sich die Ozeane nicht kümmern. Noch aber wirft die Takelage Schatten auf blau-grüne Wellenberge und die Mannschaft ist zuversichtlich. Das wird sich schnell ändern.

Sechs Wochen zuvor, in Melbourne, hatte Scott jenes Telegramm überrascht, das bereits am 3. Oktober in Oslo aufgegeben worden war und dessen Inhalt er sich nicht erklären konnte: *Erlaube mir mitzuteilen, dass die Fram zur Antarktis fährt. Amundsen.*

So viel immerhin wusste er, dass der Norweger mit einer Expedition unterwegs war, die Arktis zu erforschen. So hatten es die Zeitungen berichtet, und auch der Königlichen Geographischen Gesellschaft in London war nichts anderes mitgeteilt worden: Amundsen war mit der *Fram* zum Nordpol, nicht zum Südpol unterwegs. Ein Übermittlungsfehler? Scott bat Fridtjof Nansen, der es wissen musste, telegraphisch um Auskunft, mit welchem Ziel Amundsen ausgelaufen sei. Nansens Antwort – *Unbekannt* – fiel ebenso knapp wie unaufrichtig aus, wusste er doch bereits am 1. Oktober, was die Christiania Presse einen Tag später auf ihrer Titelseite in großen Lettern veröffentlichte: *Die Fram fährt mit voller Kraft voraus zum Südpol! Sensationelle Mitteilung durch Roald Amundsen! Fridtjof Nansen: Ein wundervoller Plan! Über den Südpol zum Nordpol!*

Dann, in den ersten Novembertagen, erhielt Scott aus London die Nachricht, dass die *Fram* wahrscheinlich den McMurdo-Sund ansteuere, jenen Küstenpunkt des südpolaren Kontinents, den auch die *Terra Nova* anlaufen wird. Damit musste Scott bewusst geworden sein, dass die englische Südpol-Expedition von Amundsen zu einem Wettlauf herausgefordert wurde. Wusste er, worauf er sich notgedrungen einlassen musste? Auf einen Wettlauf, den er nie haben wollte und den er vor seinen Männern verschwieg. Vorerst. Wo aber war Amundsen jetzt? Wie London weiter mitteilte, habe die *Fram* in der zweiten Septemberwoche unter vollen Segeln Madeira verlassen. Wenig war damit anzufangen. Inzwischen waren mehr als zwei Monate vergangen. Wo also war Amundsen jetzt? Scott war klar, dass er, wollte er vor dem Konkurrenten am Südpol sein, als Erster im McMurdo-Sund vor Anker gehen musste. Den Vorsprung, den er hatte, durfte er nicht verspielen.

Zwei Tage nachdem Scott mit seinem Schiff aus Port Chalmers ausgelaufen ist, gerät der Segler in einen kräftigen Sturm, der mit einer Spitzengeschwindigkeit von über 100 Kilometer pro Stunde zehn, zwölf Meter hohe Brecher über die tief liegende *Terra Nova* jagt. Auf Deck rutschen die Packkisten, in denen drei Motorschlitten verstaut sind, trotz sorgsamer Verankerung hin und her. Neunzehn Ponys werden gegen die Wände ihrer Boxen geschleudert; 33 sibirische Hunde enger angekettet, damit die Brecher sie nicht über Bord spülen. Das Schiff, hoffnungslos überladen, ist auf solche Gewalt des Meeres nicht vorbereitet. Kohlensäcke weichen durch und platzen. Kohlenstaub mischt sich mit dem Meer, wird als schwarzbraune Brühe in das Schiffsinnere gespült, Sturzbäche strömen kielwärts. Dann fallen die Pumpen aus, können nicht repariert werden, weil der Pumpenschacht sich nicht öffnen lässt. Jetzt rächte sich, dass das altersschwache Aggregat nicht ausgewechselt oder wenigstens generalüberholt wurde, als man die *Terra Nova*, einen 1884 in Dienst gestellten ehemaligen Walfänger, auf die Expedition vorbereitete. Scott hat am falschen Ende gespart. Eine Kühlkammer hat er in das Schiff einbauen lassen, für viel Geld, um für die 72-köpfige Besatzung und die Hunde ausreichend Fleisch in die antarktische Kälte zu transportieren – 162 geschlachtete Hammel, drei Rinder, Kalbsmilch in Büchsen, Kalbsnierchen, sorgsam verstaut in drei Tonnen Eis. Einige Gewehrkugeln mehr wären billiger gewesen, um Frischfleisch an Ort und Stelle zu erlegen – Robben und Seehunde. So aber war für eine funktionstüchtige Pumpanlage kein Geld mehr vorhanden. Vielleicht auch hat Scott mit solchen Naturgewalten nicht gerechnet, oder geglaubt, englische Seemannskunst werde mit jedem Wind und Wetter fertig.

Das Wasser steigt unaufhaltsam höher, löscht den Kessel der Dampfmaschine, und in den frühen Morgenstunden tanzt die 57 Meter lange, 9,5 Meter breite *Terra Nova* manövrierunfähig in der aufgewühlten See. An Segelmanöver ist nicht zu denken, die Takelage würde von den Masten gerissen. Die Mannschaft, unter Deck auf engstem Raum zusammengepfercht, erwartet vom Expeditionsleiter Befehle. Scott hat keine, jedenfalls keine brauchbaren. Das Wasser steigt, Brecher um Brecher erschüttern das Schiff, drücken die Reling unter Wasser. Immer öfter. Die verängstigten Ponys entleeren Blase und Darm; Urin und Kot sickern durch die Decksplanken, fallen auf die Seeleute. Darum kümmert sich niemand. Einige haben ihre Hände zum Gebet gefaltet.

Es ist Scotts Stellvertreter im Schiffskommando, Teddy Evans, der ein Loch in ein Schott schneiden lässt, um an die Saugstelle der defekten Pumpe heranzukommen. Matrosen, manche haben sich die Kleider vom Leib gerissen, stehen bis zum Hals im Wasser, zehn Stunden lang, bilden eine Eimerkette, um die dreckige Brühe aus dem Maschinenraum zu schöpfen. Die Mannschaft wird aus ihrer

Lethargie gerissen, obwohl mehr Wasser in den Schiffsrumpf strömt, als man herausbefördern kann. Und Teddy Evans bringt die Pumpen wieder in Schwung. Dadurch ist nichts gebessert. Vorerst.

36 Stunden brüllt die See, dann herrscht Ruhe. Endlich. Länger hätte sich die *Terra Nova* nicht über Wasser halten können. Und während die Mannschaft Teddy Evans applaudiert, notiert Kapitän zur See Scott die Bilanz des Infernos in das Logbuch. *Zwei Ponys verloren, einen Hund, 65 Gallonen Öl, zehn Tonnen Kohle, einen Spiritusbehälter des Biologen, ein größeres Stück Geländer vom Achterdeck und etwa drei Meter vorderer Schottwand.* Die *Terra Nova* ist davongekommen. Dann dankt er Evans, aufrichtig, lobt dessen Einsatz vor der Mannschaft. Dass Scott lieber selbst den Beifall der Besatzung erhalten hätte, weiß nur er allein.

Das Leben an Bord normalisiert sich. Offizieren und Wissenschaftlern werden die Mahlzeiten in der winzigen Offiziersmesse serviert. Die Mannschaft scheuert streng nach Vorschrift der Britischen Marine das Schiff.

65 Grad 8 Minuten südlicher Breite, 177 Grad 41 Minuten westlicher Länge. Die ersten Eisberge und Packeis. Am 9. Dezember läuft die *Terra Nova* in das Packeis ein, das die Antarktis wie ein schützendes Bollwerk umgürtet. Scott kennt diese Wüste aus etwa einem Meter dicken Eisschollen und gewaltigen Tafeleisbergen aus jenem Jahr, als er mit der *Discovery* zum subpolaren Kontinent unterwegs war, 1902. Damals war er problemlos durch die Barriere gekommen, die im September, dem Wintermonat der südlichen Erdhalbkugel, etwa 20 Millionen Quadratkilometer der Wasserfläche bedeckt und bis zum arktischen Hochsommer, im Februar, auf etwa vier Millionen Quadratkilometer abschmilzt. Diesmal ist manches anders. Die Mannschaft hat für einen Pinguinschwarm, der aus dem schmalen Wasserstreifen zwischen den Schollen mit akrobatisch anmutenden Sprüngen auf der Eisfläche landet, wenig Aufmerksamkeit. Die *Terra Nova* stampft schwer gegen das Eis, zwängt ihren Leib auf der Suche nach einer Fahrrinne zwischen einzelne, scharfkantige Bruchstücke. Eisplatten geraten unter den Bug; wenn sie nicht vom Gewicht des Dampfseglers brechen, muss die Maschine gestoppt und vorsichtig rückwärts manövriert werden. Oft stellen sich einzelne Eisschollen längsseits zum Schiffsrumpf auf, werden mit langen Enterhaken mühsam auf Distanz gehalten. Der ganze Bootskörper zit-

tert und ächzt, er knarrt und krümmt sich unter dem Druck der weißen Wüste. Das Eisfeld, in das die *Terra Nova* sich hineinschiebt, zerspringt mit einem scharfen Knall, als würde ein Gewehrschuss abgegeben, wenn es unter der Last des Schiffskörpers zerspringt. Das Packeis bewegt sich mit der Strömung des Meeres, unberechenbar. Ein Hasardspiel, dem sich Scott ausgesetzt sieht und das ihn oftmals fürchten lässt, es könnte die Schiffsschraube kosten. *Die schlimmsten Bedingungen, die je ein Schiff hatte.* Tafeleisberge, manche 25 Meter hoch, treiben gefährlich nah vorbei. Immer wieder wird das Feuer unter dem Kessel gelöscht, um Kohlen zu sparen. Doch die Situation ändert sich von einem Augenblick auf den anderen. Aus dem Krähennest, der Aussichtstonne hoch am Mast, meldet der Eislotse offenes Wasser, dann wird das Feuer entzündet, die Maschine hochgefahren. Inzwischen hat sich das Eis wieder geschlossen. *Es ist ganz unerklärlich, dass das Packeis uns so viel nördlicher begegnet, als wir erwartet haben.* Die Stimmung an Bord ist besser, als sie der Kapitän registriert. Einige Pinguine werden geschossen.

Am Weihnachtstag ist das Schiff mit Fahnen geschmückt, Kirchenlieder verwehen über der weißen Einöde. In der Offiziersmesse wird ein Festmahl serviert. Tomatensuppe, gedämpfte Pinguinbrust, Rinderbraten, Plumpudding, kleine Pasteten, Spargel, Champagner, Portwein und Liköre. *Fünf Stunden lang hat die Gesellschaft unter fröhlichen Gesängen bei der Tafel gesessen. Die Mannschaft hatte ihr Festmahl mit ungefähr den gleichen Speisen um Mittag, aber mit Bier und etwas Whisky.* Das hebt die Stimmung zusätzlich. God save the King and the *Terra Nova*, die noch immer nicht aus dem Eis heraus ist. Es regnet. Das ganze Schiff wird von einer dünnen Eisschicht überzogen. Jede Planke, jedes Tau.

Erst nach drei Wochen, auf 72 Grad 17 Minuten südlicher Breite, 177 Grad 9 Minuten östlicher Länge, gibt das Packeis die *Terra Nova* frei. *Alles in allem haben wir zwanzig Tage und einige Stunden gebraucht, um durch das Packeis hindurchzukommen, und in gerader Linie mehr als 680 Kilometer zurückgelegt, 34 Kilometer am Tag. Von 20 Tagen waren wir neun unter Dampf. Shackleton hätte dieses südliche Meer bestimmt nie erreicht, wenn er so ins Packeis geraten wäre.* Da ist sie wieder, die Rivalität aus den Tagen, als beide gemeinsam auf der *Discovery* fuhren. Damals, 1902, waren Scott, Ernest Shackleton und der Zoologe Edward Adrian Wilson, diesmal Chef des Wissenschaftlichen Stabes der Expedition, schon einmal zum Südpol unterwegs. Bis auf 82 Grad 17 Minuten südlicher Breite hatte man sich gequält, 300 Kilometer weiter als je einer vor ihnen. Dann ging nichts mehr und Scott hatte Shackleton zurück nach England geschickt, gegen dessen Willen. Shackleton nahm es ihm übel, und Scott wiederum nahm es Shackleton übel, dass er es ihm übel nahm. Im Januar 1909 war Shackleton mit einer eigenen Expedition bis auf 175 Kilometer an den Pol herangekommen, nun will Scott den lächerlichen Rest bewältigen. Die Sache wäre entschieden, Scott hätte den Wettkampf gewonnen. Den anderen, Roald Amundsen, hat er vielleicht darum aus seinem Bewusstsein verdrängt, weil er auf einem rein britischen Kampffeld um den Sieg kämpft.

Gegen Mittag, die *Terra Nova* steuert unter Fock- und Achtersegel in der offenen Ross-See weiter südwärts, blättert das Eis vom Tauwerk, fällt klirrend auf das Deck und verdunstet unter der Sonne. Einige Männer ziehen Eimer voll Salzwasser über die Reling, um ein Bad mit Salzwasserseife zu nehmen; andere sitzen herum. Am Abend sichtet die Mannschaft den antarktischen Kontinent in etwa 210 Kilometer Entfernung, die glänzende Spitze des schläfrigen Vulkans Mount Erebus, am Eingang zum McMurdo-Sund. Dort wird das Schiff vor Anker gehen. *Wenn man die außergewöhnlichen Verhältnisse erwägt, in die wir hineingeraten sind, darf man wohl sagen, dass es noch viel schlimmer hätte kommen können.* Dass ihm der Norweger schon im Nacken sitzt, kann er nicht wissen.

Am 9. September 1910, die *Terra Nova* hatte mehr als 5000 Seemeilen von Madeira entfernt bereits Kapstadt verlassen, lichtet die *Fram* zur neunten Abendstunde ohne großes Aufsehen die Anker. Früher als gewöhnlich. Amundsen brach zu all seinen Expeditionen stets zu später Stunde auf. Mit Sonnenaufgang wollte er schon dort sein, wo für ihn sein Leben erst begann, aller Alltag hinter ihm lag: in offenen Gewässern, die von keinem Horizont begrenzt werden. Später wird man sagen, Roald Amundsen und die anderen achtzehn Männer der *Fram*-Besatzung haben sich aus Madeiras Hafenstadt Funchal leise davongestohlen. Im Ruderhaus des Kleinods norwegischer Schiffbaukunst hängt eine Karte der Antarktis, auf der das Ziel der Schiffsreise markiert ist: die Bucht der Wale in der Eisbarriere des Rossmeers. Dem Südpol, so hat es Amundsen seinen Männern erklärt, rund 150 Kilometer näher als irgendein anderer Platz, der mit dem Schiff erreichbar wäre, *einen ganzen Grad südlicher, als Scott hoffen konnte, der im McMurdo-Sund seinen Standplatz haben sollte.* Eine strategische Meisterleistung des Norwegers, der sich mit den Ergebnissen aller bisherigen Expeditionen zum subpolaren Kontinent gründlich auseinander gesetzt hatte.

Mit den Schiffen *Erebus* und *Terror* war dem Briten James Clark Ross die erste Umsegelung der Antarktis gelungen. Festen Glaubens, die antarktische Region bestünde aus kleineren, eisüberzogenen Inseln und man könne den Pol auf dem Seeweg erreichen, steuerte er immer wieder in das Packeis, auf der Suche nach einem Durchschlupf. Am 9. Januar 1841 sichtete er die Ausläufer einer gewaltigen Gebirgskette, der er den Namen seiner Königin gab: Victorialand. So weit das Packeis es zuließ, segelte Ross dicht unter der Küste des transantarktischen Gebirges südwärts, durch ein eisfreies Meer, das später nach seinem Entdecker Ross-Meer genannt werden sollte. Seine Hoffnung wuchs mit jeder Meile, die beide Segler zurücklegten, bis sie an einer schier unüberwindlichen Barriere aus Eis zerschellte. Da lag es, am Fuße eines Vulkans, des Mount Erebus, und zog sich von der Gebirgsformation ostwärts endlos dahin: Eis, von den antarktischen Bergen herab in die Meeresbucht geschoben, mit scharfer Bruchkante, 20 Meter steil aufragend, an anderen Stellen doppelt so hoch. 540 000 Quadratkilometer Schelfeis riegeln den Kontinent vom Ross-Meer ab, eine weiße, eisige Wüste, eineinhalbmal so groß wie die Bundesrepublik Deutschland. Noch gab der Brite nicht auf, ostwärts segelnd hoffte er, den entscheidenden Durchbruch durch diese Eismauer zu finden, den es nicht gibt. Oft brachen gewaltige Eismassen aus ihrer hohen Flanke heraus, erschütterten das Meer und die Segler mussten auf der Hut sein. Gischt spritzte übermasthoch auf, einzelne Brocken sausten wie Geschosse auf die Seeleute nieder, und als Nebel die Naturgewalt in ein Höllenmysterium tauchte, ließ Ross einen neuen Kurs setzen: nordwärts.

In diese Hölle wollte über sechs Jahrzehnte lang kein Seefahrer Sir James Clark Ross folgen. 1895 lief der englische Walfänger *Antarctic* in das Ross-Meer ein und Carsten Borchgrevink, Norweger und einst Spielkamerad von Amundsen, sah aus dem Krähennest heraus am Kap Adare, der Nordspitze des Victorialandes, einen Streifen eisfreies Land, das sich in das von Eisschollen bedeckte Meer vorschob. Borchgrevink war der Erste, der antarktisches Festland betrat, am 23. Januar 1895. Vier Jahre später kehrte er als Leiter einer mit privaten Geldern finanzierten britisch-norwegischen Expedition zum Kap Adare zurück, wo er und seine Männer als Erste überwinterten. Mit der *Southern Cross* segelte er die große Eisbarriere entlang, mehr als 700 Kilometer ostwärts, bis zu jener Stelle, die schon Ross als Bucht im Schelfeis ausgemacht hatte. Hier ging die *Southern Cross* vor Anker, und Borchgrevink unternahm den ersten Marsch in Richtung Südpol. Er erreichte am 17. Februar 1900 78 Grad 50 Minuten südlicher Breite, ehe er umkehren musste.

1902, auf der Suche nach einem Landeplatz, kreuzte Robert F. Scott mit der *Discovery* an gleicher Stelle, doch schien ihm die Bucht als Basislager ungeeignet. Angesichts zweifelhafter Eisverhältnisse entschied er sich für das westliche Ende der Ross-Eisbarriere als Hauptquartier seiner Expedition, für den McMurdo-Sund. Hier fällt die Schelfeiskante auf Meereshöhe ab.

Als Shackleton mit der *Nimrod* 1908 an jenem Punkt ankern wollte, von dem aus Borchgrevink rund 100 Kilometer südwärts marschiert war, war die Bucht, die er selbst vor sechs Jahren von der *Discovery* aus gesehen hatte, verschwunden. Ein mehrere Meilen großer Eisschild war abgebrochen und auf das Meer hinausgetrieben. In der Mauer aus Eis klaffte ein Spalt, breit genug, um mit etwas Geschick hindurchzukommen. Dahinter musste die Kluft sich verbreitern, denn Shackleton erblickte die Buckel vieler Wale. So leichtfertig konnte keiner sein, sein Schiff und seine Mannschaft in diese Bucht der Wale zu manövrieren. Shackleton schrieb in sein Tagebuch: *Der Gedanke an das, was hätte geschehen können, brachte mich an Ort und Stelle zu dem Entschluss, unter keinen Umständen auf der Eisbarriere zu überwintern und, wo immer wir schließlich landen würden, sicherzustellen, dass unser Winterquartier auf festem Felsgrund errichtet würde.* So kehrte Shackleton dorthin zurück, wo er mit Scott schon gewesen war, in den McMurdo-Sund, an die Küste des Victorialandes.

Amundsen, der Scotts Südpol-Pläne, die 1909 in der *Times* veröffentlicht wurden, kannte, sah in der Absicht der Briten, den Pol vom McMurdo-Sund aus zu erobern, die phantasielose Wiederholung ausgetretener Wege. Sein Hauptquartier gerade dort aufzuschlagen, wo andere vor der Gefahr zurückschreckten, in das Meer hinausgetrieben zu werden, schien ihm eine abenteuerliche Herausforderung. Und hatte nicht der Gefährte aus seinen Kindertagen, Borchgrevink, von eben jener Stelle aus die ersten Schritte Richtung Südpol unternommen? *Ich hatte diese Formation auf der Eisbarriere sehr sorgfältig studiert und war zu dem Schluss gekommen, dass das, was als Bucht der Wale bekannt ist, nichts anderes ist als die gleiche Bucht, die schon James Clark Ross gesichtet hatte, wenn sich inzwischen auch starke Veränderungen ergeben hatten. Seit 70 Jahren war diese Formation an der gleichen Stelle. Ich sagte mir also, dass es kein Zufall sein könnte. Was diesen gigantischen Eisstrom genau an dieser Stelle zum Stillstand gebracht und in der Eisfront, die sich normalerweise langsam bewegt, eine bleibende Bucht hatte entstehen lassen, war nicht irgendeine Laune der Natur, sondern terra firma.*

Und obwohl die Bucht der Wale nicht über *terra firma*, festem Boden, steht und obwohl das sie einfassende Eis wie das gesamte Schelfeis in das Ross-Meer treibt, hatte der Norweger aus den vorliegenden Berichten den richtigen Schluss gezogen. Die Bucht der Wale, in menschlichen Zeitabläufen gemessen, ist eine Dauerformation des Schelfeises. Wer von hier aus zum Pol aufbrach, war gegenüber jenen, die vom McMurdo-Sund losmarschierten, rund 150 Kilometer im Vorteil. Einen solchen Vorteil wollte Amundsen sich nicht entgehen lassen. Ein Restrisiko aber blieb. Die Bewegungen des Schelfeises waren wissenschaftlich exakt noch nicht analysiert, ihre Formation nur nach Augenzeugenberichten einiger Reisender beschrieben. Amundsen hatte keine letzte Gewissheit, hatte nur seine Erfahrung, dass sich die Situation im Eis von einem auf den anderen Augenblick ändern konnte: Und er wählte trotzdem die Bucht der Wale zum Ausgangspunkt seines Angriffs auf den Pol. Würde das Eis brechen, triebe sein Basislager auf das Ross-Meer hinaus, wären er und seine Männer verloren. Amundsen wusste das und entschied sich doch für diesen Ort der relativen Ungewissheit. Der Sieg zählt, nicht das Überleben.

Im Bewusstsein, dem Konkurrenten mit der Ankunft am Schelfeisrand von vornherein überlegen zu sein, queren neunzehn Männer mit ihren Hunden, mit Schweinen, Hühnern, Katzen, Schafen und dem Kanarienvogel Fridtjof, der als Maskottchen mitgenommen wurde, den Äquator. Die Stimmung an Bord der *Fram* ist, wie sie sein muss, und nach Amundsens Geschmack. Achtet Scott streng auf die militärische Rangfolge seiner Leute und auf Einhaltung der Marinevorschriften, die *Terra Nova* segelt unter der Marineflagge, regelt sich das tägliche Einerlei auf der *Fram* auf einer eher kameradschaftlichen Ebene. Notwendige Pflichten, von deren Erfüllung sich auch Amundsen nicht ausschließt, werden gleichmäßig und nach einem Rotationsprinzip verteilt. Was aber notwendige Pflicht ist, was wann und wie getan werden muss, bestimmt einzig der Chef, Roald Amundsen, dem alle achtzehn sich mit Handschlag und schriftlich fixiertem Vertrag bedingungslos verpflichtet haben. Kritik an seinen Führungsqualitäten ist nicht erwünscht, wo sie ihn erreicht, reagiert Amundsen kalt und unversöhnlich. Einer wird es erfahren, später, und wird sich erschießen.

Man isst reichlich und gut auf der *Fram*, immer wieder zieht man das Grammophon auf, stöbert in der Bordbibliothek – knapp dreitausend Bücher – und nutzt die Zeit, um die Ausrüstung zu verbessern. *Wenn wir gewinnen wollen, darf nicht ein Hosenknopf fehlen*, sagt der Chef. Als das Schiff den 40. südlichen Breitengrad passiert, werden die Grönlandhunde von ihren Ketten genommen, nachdem man ihnen einen Maulkorb verpasst hat, damit sie sich nicht zerfleischen. *Ehe wir die Hunde losbanden, merkten wir, dass einige nicht so zufrieden waren, wie sie sein sollten. Sie waren verängstigt und aufgeregter als andere. Als sie frei waren, sahen wir, was mit ihnen los war. Sie hatten alte Freunde, die zufällig in einer anderen Ecke untergebracht worden waren, und die Trennung von ihnen war die Ursache ihrer Trauer. Es war rührend anzusehen, wie sie sich über die Wiedervereinigung freuten. Die Tiere waren vollkommen verändert. Natürlich wurde dafür gesorgt, dass sie in Zukunft im selben Gespann waren.* Nach einigen Tagen nimmt man den Hunden die Maulkörbe wieder ab, können sich die Tiere frei bewegen. Nach weiteren zwei Monaten auf See werden 21 Hunde geboren. Weibliche Welpen werden nach dem Wurf getötet, die männlichen behalten – in einem Jahr werden sie zu kräftigen Gespanntieren herangewachsen sein. Alles ist dem großen Ziel untergeordnet, vor Scott den Südpol zu erreichen – auch das Leben der Hunde.

Die *Fram* stampft und schlingert, kämpft sich südwärts. Sie ist für solche Fahrten nicht gebaut, ihr Rumpf ist rund und ausladend breit. Fast drei Jahre hindurch, von 1893 bis 1896, lag sie umklammert vom arktischen Packeis und driftete gleichsam als eine Gefangene von den Neusibirischen Inseln nach Spitzbergen. Dafür hatte sie Fridtjof Nansen bauen lassen, doppelwandig und rund, damit das Eis über sein Schiff keine Gewalt erlange. Nansens Drift-Expedition, ein Abenteuer, das niemand zuvor gewagt hatte, machte den Norweger und die *Fram* weltberühmt. Nun ist Amundsen Kapitän der *Fram* und steuerte sie um die halbe Erde, ohne einen weiteren Hafen aufzusuchen. 14 000 Seemeilen. Am 3. Januar 1911, knapp vier Monate nachdem man aus Funchal ausgelaufen war, fährt das Schiff in das antarktische Packeis ein, bei 175 Grad 35 Minuten östlicher Länge. Die *Fram* ist, ebenso wie ihre Besatzung, in ihrem eigentlichen Element und liegt nur noch 300 Meilen hinter der *Terra Nova* zurück. Der neue Dieselmotor sorgt für flotte Fahrt, entwickelt, wenn nötig, sofort volle Antriebskraft, anders als die Dampfmaschine der *Terra Nova*, die erst hochgefahren werden muss, ehe die Schiffsschraube sich in Bewegung setzt. Die Männer schießen Seehunde, damit sich die Hunde an Seehundfleisch und Speck satt fressen, ehe sie vor die Schlitten gespannt werden. Drei Tage braucht die *Fram* durch das Packeis, mehr nicht, und alle Augen blicken südwärts. Am 11. Januar notiert Mannschaftsmitglied Olav Bjaaland, norwegischer Langlauf- und Skisprungmeister, in sein Tagebuch: *Schließlich ist seit heute endlich die Eisbarriere in Sicht. Ein merkwürdiges Gefühl beschleicht einen, wenn man sie so daliegen sieht. Das Meer liegt still wie ein Teich, und vor einem steht diese Große Chinesische Mauer und gleißt in der Sonne. Weitweg, wie eine Fotografie, die gerade entwickelt ist.* Amundsen reagiert prosaischer: *Da lag sie nun – diese verfluchte 200 Fuß hohe Schneemauer – Eismauer kann man sie nicht nennen – und glitzerte zu uns herüber. Ich hatte geglaubt, dass sie mehr Eindruck auf mich machen würde, aber durch die ausgezeichneten Reproduktionen in Shackletons Buch war sie mir wohl schon vertraut und ich sah sie an wie eine alte Bekannte. Wir sind also da.*

Drei Tage später, am 14. Januar, fährt Amundsen, was niemand zuvor gewagt hatte, sein Schiff in die Bucht der Wale hinein, entlang hoch aufragenden Eisklippen. Manchmal kratzt Eis an den Bordwänden. Bugwärts blasen Wale ihre Fontänen über das Wasser, Seehunde räkeln sich auf dem Eisstrand, Pinguine stehen wie zur

Begrüßung dicht gedrängt. Endlich war man angekommen. Die *Fram* wird mit Eisanker am schmalen Eisküstenstreifen vertäut und Männer und Hunde probieren nach langer schwankender Fahrt erste Schritte auf weißglänzendem festen Boden, *terra incognita*.

Das Eis führte über einen schmalen, ebenen Hang hinauf zur Eisbarriere, eine ideale Verbindung. Wir zogen in südöstlicher Richtung weiter und erreichten nach circa 15 Minuten eine der Randformationen auf der Barriere. Diese Formationen sahen aus wie Endmoränen, die oben einige Unregelmäßigkeiten aufwiesen. Ich suchte einen Platz aus in einem kleinen Tal, feiner, ebener Boden, etwa vier Seemeilen vom Meer entfernt. Hier werden wir unsere Hütte aufbauen, und von hier unsere Aufgaben durchführen. Schon morgen – Sonntag – werden wir einiges vorbereiten, sodass wir dann Montag ernsthaft anfangen können.

Als Amundsen am 3. Juni 1910 aus Christiania (heute Oslo) aufbrach, hatte er die Entfernung bis in diese Bucht auf 16 000 Seemeilen geschätzt und die Ankunft für den 15. Januar 1911 angegeben: Nach einer der längsten Seereisen in der Geschichte der Polarforschung legte die *Fram* nach 15 938 Seemeilen einen Tag vorfristig an.

Die erste Schlacht ist erfolgreich geschlagen, auf weitere wird er sich vorbereiten. Seine Trumpfkarte hat gestochen: Er weiß, von wo der Rivale seinen Marsch zum Pol starten wird. Scott dagegen kann allenfalls vermuten, wo Amundsen gelandet ist, wissen kann er es nicht. Die Norweger liegen in der Bucht der Wale versteckt. *Hier gibt es Robben in Fülle, viel mehr, als wir für Menschen und Tiere brauchen. Alles scheint zu unserem Besten eingerichtet zu sein. Möge der Gott, den ich lieben gelernt habe, alles so weitergehen lassen!* Gottvertrauen allein, Amundsen weiß auch das, steuert kein Schiff durch die Meere, bringt es dem Pol keinen Zentimeter näher. Und was geschehen wird, wird durch ihn geschehen, durch den Sohn eines Familienclans, der seit Jahrhunderten das eigene Schicksal nie aus seinen Händen gab.

2. Lebenslinien in die Kälte

Norwegisch Seevolk ist
Ein derber Schlag voll Kraft und List,
Wo Schiffszeug schwimmen kann,
Da ist es vorne dran
Bjørnstjerne Bjørnson

Von ferne gerufen, sinken unsere
Flotten dahin,
auf Dünen und Vorland verlöscht das
Feuer.
Ach, all unser Glanz von gestern
gleicht dem von Ninive und Tyrus.
Rudyard Kipling

1854 kauften zwei Männer aus Hvidsten, einem Flecken an einem Nebenarm des Christiania-Fjords, einen ausgebrannten Robbenfänger zum Schrottwert. Der eine besaß eine Werft, der andere ein Kapitänspatent. Den aufgearbeiteten Segler tauften die beiden, mit Gespür für die Symbolik, auf den Namen *Phönix*, der vom Stapellauf weg in das Schwarze Meer auslief, unter dem Kommando des vierunddreißigjährigen Kapitäns. Auf der Halbinsel Krim donnerten zu dieser Zeit die Geschütze, und Kavallerieabteilungen schossen sich gegenseitig von den Pferden. Russlands Zar Nikolaus I. führte Krieg gegen die Türken, an deren Seite auch Briten und Franzosen kämpften. Die *Phönix* wurde in Sebastopol vertäut und für britische Offiziere als Winterquartier hergerichtet, später transportierte sie Viehfutter und Stroh in das Kriegsgebiet, im Auftrag der Alliierten. 1856, als die Schlacht auf der Krim zugunsten der Alliierten geschlagen war, segelte das Schiff nach Hvidsten zurück, vollgestopft mit dem Kriegsgewinn eines ›Neutralen‹ den sich beide Männer teilten. Damit legte Jens Engebreth Amundsen, Kapitän und Miteigentümer der *Phönix*, seinem ansehnlichen Wohlstand ein starkes Fundament.

Die Vorfahren dieses Jens Amundsen, seit drei, vier Generationen Schiffer und Schiffseigner, kamen aus Hvaler, einer kleinen Inselgruppe im Christiania-Fjord, waren geachtete Leute, geschäftstüchtig, selbstbewusst allesamt, heirateten standesbewusst und mehrten durch eine jeweils respektable Mitgift ihren Besitz. Mit seinen drei Brüdern hatte Jens Amundsen eine Reederei gegründet, unter deren Flagge dreißig Kauffahrteischiffe segelten – das größte Kontingent im Landkreis Sarpsborg. In der Nähe zum Sarpsborger Hafen, am Sannesund, hatten sie zudem, gemeinsam mit einem Schwager, das Anwesen Hvidsten gekauft, parzelliert und für ihre Familien Häuser gebaut. Von Hvidsten aus fuhren sie als Eigner und Kapitäne hinaus, ihre Waren umzuschlagen. Als Jens Amundsen 43 Jahre alt war, 1863, heiratete er die Tochter eines Verwaltungsbeamten, Hanna Henrikke Gustava Sahlqvist, die ihrem sechzehn Jahre älteren Mann in das Chinesische Meer folgte – in das nächste lukrative Geschäft. Zwischen dem chinesischen Festland und Taiwan transportierte Jens Amundsen Waren unterschiedlichster Art und Herkunft, mit profitabler Rendite. So jedenfalls wussten es die Leute im bigotten Hvidsten zu erzählen, dass der Mann im Sklavenhandel tätig war, wussten sie nicht. Hätten sie es gewusst, ihre Meinung über seine Fernostgeschäfte wäre kaum anders gewesen. Geld ist Geld und gutes Geld, wenn es sich vermehrt.

Einmal hatte Amundsens Dreimaster Hunderte chinesischer Kulis gebunkert, um sie nach Havanna zu bringen. Auf hoher See wurden der menschlichen Ware Freigänge auf Deck erlaubt, zu Gruppen von jeweils zwölf Chinesen. Da schlich sich ein Gefangener von hinten an den Kapitän heran, in der Hand eine Axt. Plötzlich, als der Chinese den Schlag ausführen wollte, drehte sich Jens Amundsen um und das Eisen, ehe Matrosen den Attentäter überwältigen konnten, durchschnitt seine rechte Gesichtshälfte. Wenn später diese Geschichte im Familienkreis erzählt wurde, vergaß niemand hinzuzufügen, dass Gustava Amundsen eine gewöhnliche Nadel und ordinären Zwirnsfaden benutzte, um die klaffende Wunde ihres Mannes zu vernähen. So trat der Kapitän vor die Chinesen und stellte sie vor die Wahl, entweder den Anführer des Aufruhrs selbst zu richten oder gemeinsam zu sterben. Der Attentäter wurde von seinen Kameraden gehängt.

Alle zwei Jahre hatte Gustava Amundsen ihrem Mann einen Sohn geboren, ihr erstes Kind, Jens Ole Antonius, noch in China, 1866. Als sie zum vierten Mal schwanger war, kehrte sie endgültig nach Norwegen zurück und brachte auf Hvidsten am 16. Juli 1872 den vierten Sohn zur Welt: Roald Engebreth Gravning Amundsen. Roald, der Ruhmreiche – ein Name aus der norwegischen Mythologie.

Drei Monate nach der Geburt zog die Familie um. Villa Uranienborg, Christiania, Am Uranienborgweg Nr. 9. Eine erste Adresse, gleich hinter dem Königsschloss. Gustava Amundsen hatte zudem durchgesetzt, dass ihr Gatte als Abteilungsleiter in das Handelsministerium eintrat, seinem geschäftlichen Erfolg und dem gesellschaftlichen Status der Familie entsprechend. Eine grundlegende Wende in seinem Leben bedeutete diese Veränderung nicht. Er fuhr weiter mit eigenen Schiffen zur See, nunmehr im Auftrag und mit Billigung des Handelsministeriums.

Roald Amundsen wuchs in Christiania als Sohn einer respektierten Familie auf, die es zu etwas gebracht hatte, und mit den Erzählungen seines Vaters von Schiffen und Meeren, von Soll und Haben. Was der Vater sagte, war wie selbstverständlich Gesetz. Das war immer so bei den Amundsens; auf ihren Schiffen und in ihren Häusern. Energisch war der Vater gewiss und fest verwurzelt in dem Willen, eine Sache nur anzufassen, wenn sie bis zum Ende auch durchgestanden werden kann. *Ich möchte nicht, dass ihr euch in Kämpfe einlasst,* hat er seinen Söhnen gesagt und hinzugefügt: *Wenn es aber sein muss, dann schlagt zuerst und sorgt dafür, dass es reicht.* Wie Jens, Gustav und Leon blickte auch Roald zum Vater auf.

Im Sommer und über die Weihnachtszeit zog die Familie nach Hvidsten hinaus, wo auf der gegenüberliegenden Flussseite die Schiffswerft des Vaters lag, ein Abenteuerspielplatz, auf dem Roald im kindlichen Spiel die Erde ungestört umsegelte. Im Winter, wenn die Glomma zufror, liefen die Brüder auf Schlittschuhen den Sannesund hinunter oder probierten auf den Hängen ihre Skier aus, die unter dem Weihnachtsbaum gelegen hatten.

So also wuchs Roald Amundsen heran, unter geachteten, weil wohlhabenden Männern, die von der Welt manches gesehen hatten, und am Fjord, an der Nahtstelle zwischen Wasser und Bergen, zwischen eisklirrenden Wintern und kurzen, heftigen Sommern.

Scotts Kindheit kannte solche Gegensätze nicht, wie sie auch den Schnee nicht kannte. Erst während seiner ersten Antarktisexpedition werden ihm Eis und Schnee begegnen. Weißer Schnee, nicht jener schmierige Matsch, der in den Straßen und Gassen von Plymouth die Leute fluchen ließ. Vor den Toren der Hafenstadt, in Devonport, wurde Robert Falcon Scott am 6. Juni 1868 geboren. Hier lagen Ihrer britischen Majestät Marinewerft und der Scottsche Besitz *Outlands* – einige Quadratmeter Land, auf dem ein Haus stand, dessen bürgerlicher Charme längst verwelkt und auch sonst der Familie immer etwas zu eng war.

Outlands und eine kleine Brauerei in Plymouth waren das Erbe, das ein Robert Scott aus Devonshire als Zahlmeister der Marine, der durch Nebeneinnahmen seiner Amtstätigkeit und Prisengelder aus den napoleonischen Kriegen zu einigem Vermögen gelangte, seinen vier Söhnen hinterlassen hatte. Die drei ältesten traten in die Indische Armee ein, und so fielen Haus, Land und die Brauerei an den jüngsten Sohn, an John Edward Scott, der die Brauerei bald verkaufte und von dem erzielten Erlös lebte. John Edward züchtete Rosen in Devonport, beschäftigte sich mit Landwirtschaft, war auf seltsam mürrische Art bescheiden und gefiel sich in der Rolle eines Landedelmannes, die er vom Charakter und seiner Herkunft ebenso wenig ausfüllte, wie das Gewicht der finanziellen Rücklagen seine Lebensart sorgenfrei hätte tragen können.

Mrs. Hannah Scott, als Schwester eines Marinekapitäns und Nichte eines Vizeadmirals ihrem Mann im gesellschaftlichen Stand überlegen, musste alle siebzehn Mitglieder des Haushalts auf *Outlands* durchbringen. Es gelang ihr mit einem Gleichmut, der Stärke verriet und cholerische Ausbrüche ihres Mannes ins Leere laufen ließ. Stets war sie für alle und alles da, auf eher sanfte Weise, die gerade darum ihren verdeckten Herrschaftsanspruch über alle und alles verdeutlichte. Scott, den die Mutter Con rief, blieb später sanften, starken Frauen immer unterlegen, als Mann eher unselbständig.

Bis ins achte Lebensjahr wurde Robert Falcon Scott von einer Gouvernante behütet, die sich, wie die Eltern auch, um eine rätselhafte, wahrscheinlich psychosomatisch bedingte Kränklichkeit des Kindes sorgte. Oft von Übelkeit geplagt, schien dessen ganze Konstitution eher schwächlich und Besorgnis erregend. Dass er zu einem körperlich robusten Mann heranwachsen würde, war der Wunsch aller, doch keineswegs sicher. Nach der Gouvernante kam für Con die Tagesschule in Plymouth, mit ihr mancher Spott der Schulkameraden über den weichen Sohn eines Rosenzüchters. Es muss wohl das mütterliche Erbteil gewesen sein, diese lächelnde Duldsamkeit, die Scott die Raubeinigkeit der Gleichaltrigen hat ertragen helfen, solange, bis ihn der Vater aus der Schule nahm und in ein Internat steckte. John Edward Scott entschloss sich zu solcher Maßnahme nun nicht, weil er seinem ältesten Sohn beistehen wollte, sondern weil er mit dessen Leistungen unzufrieden war.

Der Erstgeborene, das war Familientradition, sollte die Marinelaufbahn einschlagen, während die anderen Söhne in Ihrer Majestät Armeerock gesteckt wurden, sich auf ein Dasein in irgendeinem Provinznest des Empire vorbereiteten. Gleichsam in seinem Sohn wollte der Vater nachholen, was ihm, weil er vom Vater die Brauerei übernehmen musste, verwehrt wurde, eine Marinekarriere. Wenn schon nicht Kapitän zur See John Edward, so doch wenigstens Kapitän zur See Robert Falcon Scott. Doch dessen Leistungen in der Stadtschule von Plymouth waren dafür nicht hinreichend. Darum steckte der Mann, der lieber auf See Befehle erteilt hätte, als im eigenen Haus von einer sanften Frau Anforderungen zu empfangen, den Erstgeborenen in ein Internat. Gefragt wurde Con nicht. Auch an Englands Südküste wurde ein väterliches Wort als Gesetz gehandelt, und Robert Falcon hatte ganz und gar nicht die psychische Konstitution, Vorschriften und Gesetzen zu widersprechen. Sein Widerspruch waren einzig eine lächelnde Loyalität und eine stoische Zähigkeit, sich fleißig durch die von seinem Vater gesetzten Ansprüche hindurchzuarbeiten. Das Internat bereitete seine Schüler mit Nachdruck auf den Übergang in die Kadettenanstalt vor und Con fiel in der Anstalt nur durch eine stete Mittelmäßigkeit auf, die es allen recht machte, dem Vater, den Erziehern und seinen Mitschülern. So kam er dann, 1881, dreizehnjährig als Kadett an die Königliche Marineschule in Dartmouth und blieb, was er zuvor gewesen war – ohne Fortune fleißig, etwas blässlich, allen Händeln aus dem Wege gehend, stets pedantisch exakt gekleidet. Scott, der einmal den Südpol als Erster erreichen wollte, unterschied sich vom kleinen Con, der in Dartmouth den ersten Schritt auf der Karriereleiter der britischen Marine probierte, nur unwesentlich. Hier wie dort, immer führte Scott die Befehle aus, wie er im Räderwerk der schon verblassenden Weltmacht England stets reibungslos funktionierte. Seine Uniformen trug er ebenso wie seine zivile Bekleidung nach den gesellschaftlichen Spielregeln korrekt, eine Spur zu adrett. Hinter diesem Harnisch verbarg sich mangelnde Entscheidungsfähigkeit. Auch darin waren Scott und Amundsen verschieden. Scott trug seinen Rang, seine Stellung sichtbar als Zuschnitt des

Schneiders, um anderes zu verbergen; Amundsens äußere Erscheinung widerspiegelte allenfalls dessen Gefühlslage.

Wie Vater Scott in Devonport hoffte auch Vater Amundsen in Christiania, dass seine Söhne erfolgreich die Schule absolvieren und studieren würden. Für Roald schien ihm eine Privatschule angemessen, die der Sohn seit 1881 eher gelangweilt durchlief. Anderes wurde ihm wichtiger; die Expeditionsberichte John Franklins, der ausgezogen war, die Nordwestpassage zu finden, den Seeweg zwischen Alaska und Grönland. *Eine seiner Schilderungen, in der er über den verzweiflungsvollen Rückzug einer seiner Expeditionen berichtete, fesselte mein Interesse mehr als alles, was ich je zuvor gelesen hatte. Er und seine wenigen Gefährten hatten drei bange Wochen mit Eis und Stürmen um ihr Leben kämpfen müssen, ihre einzige Nahrung bestand aus einigen Knochen, die sie in einem verlassenen Indianerlager fanden, und schließlich waren sie sogar genötigt, ihre eigenen Lederschuhe zu verzehren, ehe sie endlich wieder die ersten Vorposten der Zivilisation erreichten. – Seltsam, dass gerade die Beschreibung solcher Entbehrungen, die er und seine Leute zu erdulden hatten, mich an der Erzählung Sir Johns am meisten fesselte. Ein merkwürdiger Ehrgeiz brannte in mir, gleiche Leiden zu überwinden.*

Der Privatschüler Roald Amundsen wollte Polarforscher, ein Mann des Eises werden. Mit dem Vater konnte er über diesen Ehrgeiz, der sich zur Obsession auswachsen sollte, nicht mehr reden; Jens Amundsen starb 1886, sechsundsechzigjährig, als Passagier auf einem Dampfschiff irgendwo zwischen England und Norwegen. *Es ist hart, einen solchen Vater zu verlieren; doch es war Gottes Wille, und Sein Wille muss erfüllt werden.* Mit der Mutter wollte der Vierzehnjährige nicht reden. Gustava Amundsen, deren Liebe zur Seefahrt nur eine Liebe zum Gatten war, sprach von jugendlichen Flausen im Kopf, wenn Roald mit Franklin und anderen Polarreisenden anfing. Um erwachsen zu werden, müsse er das Abitur machen, Medizin studieren, das seien Abenteuer und Entdeckungsfahrten genug. Und Amundsen wusste, dass er ohne den Familiensegen nichts werden würde. Polarexpeditionen verschlingen Geld, viel Geld. So schickte er sich ins Unvermeidliche, um sich dabei für Künftiges vorzubereiten. Mit drei Klassenkameraden brach er im Winter 1889 zu einem Gewaltmarsch in die Berge westlich der Hauptstadt Christiania auf, um zu probieren, wie viel Leiden er ertragen konnte. Und als im frühen Sommer ganz Christiania Fridtjof Nansen zujubelte, der als Erster das grönländische Inlandeis überquert hatte, waren die Würfel gefallen, Amundsen die Lebenslinien in die Kälte unumkehrbar eingebrannt.

Und doch hatte er Klugheit genug, das Gymnasium mit dem Abitur – mehr schlecht als recht – abzuschließen und 1890 an der Königlich Norwegischen Fredriks-Universität in Christiania ein Medizinstudium zu beginnen. Diese Entscheidung brachte Amundsen eine eigene Wohnung in Christiania ein, von der erleichterten Mutter finanziert, und alle Freiheiten, sich auf ein Leben jenseits aller bürgerlichen Geruhsamkeit vorzubereiten, ohne gegenüber der Familie das Gesicht zu verlieren. In dieser Zeit wohl trainierte sich Amundsen ein doppeltes Gesicht an, die Fähigkeit, fast unterwürfig zu dienern einerseits und andererseits eben dadurch seinen Willen durchzusetzen, dass Unmögliche möglich zu machen. Das Medizinstudium war ihm ein Alibi, nicht mehr, und alles was zum erfolgreichen Studium nötig war, schob er vor sich her, Semester um Semester, bis in den September 1893 hinein, dann verkaufte er einem Kommilitonen den Totenschädel, der während der dreijährigen Studienzeit eher unbeachtet in seiner Wohnung herumgelegen hatte. Im September 1893 starb Gustava Amundsen. Roald Amundsen war frei, zu tun und zu lassen, was er tun und lassen musste.

Nach einer angemessenen Trauerzeit unternahm er eine siebentägige Skiwanderung über das Hardangervidda-Plateau im Westen Norwegens, gemeinsam mit dem zwei Jahre älteren Bruder Leon. Ein Wagnis. Eine Herausforderung. Manchmal fiel das Thermometer auf minus 40 Grad. Amundsen durchlebte seine ersten Leiden. Zurückgekehrt aus der Selbsterfahrung, bewarb er sich um einen Platz auf der *Windward* des Engländers Frederick George Jackson, der in das arktische Meer segeln wollte, nach Franz-Joseph-Land. Doch das neue Jahr begann für Amundsen mit einer Niederlage. Jackson heuerte den schlaksigen jungen Mann nicht an, er brauchte erfahrene Männer, nicht heißblütige jugendliche Abenteurer. Amundsen nahm es gelassen. Es gab andere Schiffe, deren Kurs nordwärts führte und in deren Musterrollen er sich eintrug. In den nächsten zwei Jahren fuhr er mehrmals in das nördliche Eismeer, aber auch zu den Küsten Afrikas. Und er las alles, was über Entdeckungsreisen geschrieben wurde, *alle Bücher der einschlägigen Literatur, deren ich habhaft werden konnte, und ein verhängnisvoller Fehler der meisten früheren Polarexpeditionen war mir dabei aufgefallen. Die Leiter dieser Expeditionen waren nicht immer Schiffskapitäne gewesen und hatten deshalb die Führung ihrer Schiffe fast immer erfahrenen Seeleuten überlassen müssen. In jedem solchen Falle hatte es sich als schicksalsschwer erwiesen, dass die Expedition, sobald sie in See gestochen war, nicht mehr einen Führer, sondern deren zwei hatte. Unweigerlich führte dies immer zu einer Teilung der Verantwortlichkeit zwischen dem Expeditionsleiter und dem Kapitän; daraus erwuchsen unaufhörlich Reibereien und Meinungsverschiedenheiten. Deren Folge war bei den übrigen, untergeordneten Mitgliedern der Expedition eine Lockerung der Disziplin. Immer bildeten sich zwei Parteien; die eine bestand aus dem Expeditionsleiter und dem wissenschaftlichen Stab, die zweite umfasste den Kapitän und seine Mannschaft. Darum war ich entschlossen, mich nicht früher an die Spitze einer Expedition zu stellen, ehe ich nicht diesen Fehler umgehen könnte. Mein ganzes Streben war jetzt darauf gerichtet, mir selbst die nötige Erfahrung in der Schiffsführung anzueignen und mich zum Kapitän auszubilden, um meine Expedition nicht nur als Forscher, sondern auch als Schiffer leiten und so die Bildung zweier Parteien vermeiden zu können.*

Als Amundsen, einundzwanzigjährig, auf dem Hardangervidda-Plateau sein Überlebenstraining absolvierte, hatte der fünfundzwanzigjährige Scott schon manche Meile auf See hinter sich gebracht und litt noch immer an der Seekrankheit, die ihn bereits als junger Kadett der Marineschule der Spöttelei Gleichaltriger ausgeliefert hatte.

Der Marinehafen Dartmouth lebte von einer glorreichen Vergangenheit, wie ganz England mit einem Blick zurück auf bessere Tage lebte, ohne sich dessen bewusst zu sein. Von Dartmouth aus hatten einst Englands Freibeuter die Meere befahren, Drake, Morgan und andere, mit Billigung ihrer Königin Elisabeth, um Spaniern und Portugiesen den Überseehandel zu erschweren. Von hier war 1588 die Flotte Elisabeths ausgelaufen, die berühmte spanische Armada zu zerstören, zwei Jahrhunderte später Admiral Nelson: Viscount Horatio Nelson, der das Königreich England zur größten Seemacht erhob, die britische Herrschaft im Mittelmeer und in Vorderindien sicherte, alles vernichtend schlug, was ihm entgegensegelte – Franzosen, Spanier, Dänen. Nach Nelson aber erstarrte die Marine gleichsam in Ehrfurcht vor ihrem Admiral, der 1805 in der Seeschlacht bei Trafalgar für das Empire fiel. Als Scott, gut 75 Jahre nach Nelsons Tod, in die Marineschule Dartmouth eintrat, wurden die Geschütze der britischen Kriegsschiffe wie in den glorreichen Zeiten noch von der Mündung aus geladen, während die Kontinentaleuropäer längst mit modernen Hinterladern ausgerüstet waren.

Nelsons Geist war auch auf der *Britannia* anwesend, als der Kadettenjahrgang 1881 auf dem Schulschiff der britischen Marine einrückte – 150 Dreizehnjährige, unter Deck auf engstem Raum zusammengepfercht. Ehe sie die Weite der Weltmeere erlebten, erlebten sie die bedrückende Enge auf den Schiffen; 150 Hängematten so dicht nebeneinander angebracht, dass sich die Schlafplätze untereinander verwirbelten. Hier, wie während der ganzen Ausbildung, regierte unerbittlich die Signalpfeife der Offiziere. Disziplin, Ordnung und Sauberkeit waren die eigentlichen Zuchtmeister der Marineschule, deren Ziel die Einordnung ihrer Eleven in ein System blinden Gehorsams und der erstarrten Hierarchie war. *God save England.* Es waren ebenso harte und bittere wie langweilige Monate, die der junge Scott durchlebte. Alles war bis in das kleinste Detail durch Vorschriften geregelt und nur der besaß eine Chance, etwas zu werden, der funktionierte. Scott funktionierte nach allen Seiten und verlor dabei nie dieses sanfte Lächeln, das ihn der Mutter so ähnlich machte. Über Dartmouth hat er sich nie geäußert, wie er sich nie über sich geäußert hat; der Marine gegenüber verhielt er sich stets loyal, noch im Sterben. Andere zeigten sich kritischer, Vizeadmiral Dewar, der die Marineerziehung reformieren wollte und rückblickend resümierte: *Die Atmosphäre des Zwangs beeinträchtigte jede Initiative und das Selbstvertrauen. Obwohl die Unterrichtsmethoden nicht geeignet waren, Interesse oder Begeisterung bei den Kadetten zu wecken, arbeiteten sie zumeist hart, weil ihre zukünftige Laufbahn vom Prädikat der Abschlussprüfung abhängig gemacht wurde. Nicht Intelligenz, Charakter, Fähigkeit und Eignung zum Kommando oder Berufsehrgeiz waren Grundlagen für die Offizierslaufbahn, sondern Unterrichtsgegenstände wie Algebra, der Binomische Lehrsatz oder trigonometrische Gleichungen.*

1883 schloss Scott die Ausbildung mit guten Noten und als Fähnrich ab. Er besaß das notwendige Maß Pflichtgefühl und die ebenso notwendige Kontrolle über sein Innenleben. Seine Laufbahn nahm den üblichen Gang. Vier Jahre auf See brachten ihm die Beförderung zum Leutnant, ein Jahr auf der Königlichen Marineschule in Greenwich den Oberleutnant ein. Er bekam ein kleines Kommando, nichts Aufsehenerregendes. Exerzieren, Routinearbeit, Flaggenhissen und Teilnahme an Empfängen. Der eher langweilige Alltag auf See. Seit den napoleonischen Kriegen segelte Queen Viktorias Flotte als Symbol eines machtvollen Empires über die Meere, sauber herausgeputzt, flaggezeigend, staatserhaltend. Spötter behaupteten, nur der könne in der Marine etwas werden, dessen Schiff auf Paraden oder bei den regelmäßig stattfindenden Regatten den schönsten Bootsanstrich habe. Beförderung nach Farbe hieß das. Darum hat sich Scott nicht gekümmert. Immerhin, nun empfing er nicht mehr nur Befehle. Man servierte ihm das Essen, stand stramm, wenn er vorüberging. Die Angst, sich vor den Augen der anderen übergeben zu müssen, hatte er inzwischen überwunden, wie er die Seekrankheit überwunden hatte. Scott strotzte geradezu vor Gesundheit. Das stets freundliche Lächeln war ihm geblieben. Andere seines Jahrgangs waren im Rang weiter als er, hatten vielleicht bessere gesellschaftliche Kontakte oder jenen notwendigen gesellschaftlichen Witz, der Vorgesetzte aufhorchen lässt. Und doch waren einige überzeugt, dass es dieser gewissenhafte, adrette junge Mann aus Plymouth noch weit bringen werde, wenn man ihm nur genügend Zeit ließe. Andere äußerten Zweifel; zwar sei Mittelmaß in Ihrer Majestät Marine durchaus eine Garantie, auf der Karriereleiter nicht zu stolpern, doch gewiss kein Sprungbrett in die Höhe. Scotts stets bleibendes Lächeln nach allen Seiten, seine Farblosigkeit standen Karrieresprüngen jedenfalls entgegen. So kam er durch die Welt, ohne vorerst entscheidend voranzukommen. Er lernte die Küsten und Hafenstädte Perus, Guatemalas, Kanadas und Westindiens kennen, übte sich im Pflichteifer und in militärischer Disziplin, wartete auf die nächste Beförderung. In Westindien, als Scott an einer Paradeübung teilnahm, begegnete ihm Sir Clements Markham, damals noch Sekretär der Royal Geographical Society in London, ein Sonderling, der die Marine als nationale Schule des Mannes über alles verehrte. Markham, in jungen Jahren, als auf Deck noch die Peitsche regierte, aus der Marine ausgeschieden, weil er deren Disziplinierungsmaßnahmen nicht ertragen konnte, liebte junge Männer, die in schmucker

Paradeuniform vor ihm Haltung annahmen. Ihm fiel sofort dieser Robert Falcon Scott auf, der als Sieger einer Kleinbootregatta zum ersten Mal öffentliches Aufsehen erregen konnte. Die Segler, die an dieser Konkurrenz teilnahmen, mussten nicht nur schnell sein, sie mussten vor der Ziellinie auch ihre Takelage demontieren. Da war die Disziplin aller beteiligten Seemannshände gefragt. Markham fand Gefallen an jungen Siegertypen, die er gleichsam auf Herz und Nieren prüfte, denn er hatte Großes mit ihnen vor. Mit ihnen wollte er für England den letzten Kontinent entdecken, die Antarktis. Clements Markham hatte an einer Rettungsexpedition für John Franklin teilgenommen, der auf der Suche nach der Nordwestpassage seit 1847 verschollen war; er hatte manche Bücher über Entdeckungen veröffentlicht und war überzeugt, dass einzig die britische Marine das Land um den Südpol erforschen könne. Hinzukommen schien ihm das eigentliche Problem, nicht das Durchkommen. Die Marine würde am ehesten den riesigen Wassermengen rund um die Antarktis gewachsen sein. Dass die Entdeckung erst dort beginnt, wo Schiffe nicht mehr weiter vordringen können, schien Markham nicht bewusst gewesen zu sein. Britische Marines werden doch wohl mit ein bisschen Schnee, Eis und Kälte fertig werden. So einer wie dieser Scott, den er in seine Kajüte zum Essen eingeladen hatte; der hatte das Zeug, die dafür notwendige Disziplin und das rechte Maß ausdauernder Hartnäckigkeit, der würde für England durchs Eis gehen. Wie heißt der Mann – Robert Falcon Scott –, den Namen sollte man sich merken; sich seiner erinnern, wenn England ein großes Unternehmen zum Südpol schicken sollte.

Scott, als er bei Markham saß, hatte noch immer keinen Schnee gesehen, doch genug vom Alltag der Marine. Wollte er weiter vorankommen, hatte er sich nicht nach der Markham'schen Taube auf dem Dach zu strecken, dagegen nach dem Spatz in der Hand. Um 1890 war eine neue Waffe in der Marine eingeführt worden: das Torpedo. Wer sich auf das moderne Gerät spezialisierte, dessen Beförderungsaussichten würden steigen, war doch die Anzahl entsprechender Fachkräfte verhältnismäßig gering. 1891, im Oktober, wurde Scott zu einem Torpedo-Lehrgang einberufen, den er zwei Jahre später als Oberleutnant der Torpedowaffe mit Auszeichnung abschloss. Und doch musste Scott eine Niederlage hinnehmen. Kurz vor Lehrgangsabschluss hatte er ein Torpedoboot, das bei einem Manöver sei-

1 und **2**
Terra incognita Antarktis.

3 »Framheim«, das Basislager der Norweger auf dem Ross-Schelfeis.

5 Begegnung der Kontrahenten an der Schelfeiskante oder der Augenblick einer verpassten Chance zur

4 »Cape Evans«, das Hauptquartier der Briten vor dem Vulkan Erebus.

Zusammenarbeit. Scotts »Terra Nova« und Amundsens »Fram« (unmittelbar am Eis ankernd).

6 Die »Terra Nova« vom Packeis gefangen.

nem Kommando unterstellt war, auf Grund gesetzt. Der entsprechende Tadel der Admiralität fiel maßvoll aus: *Hat anscheinend die
notwendige Sorgfalt außer Acht gelassen, soll in Zukunft aufmerksamer
sein.* Theorie und Praxis sind unterschiedliche Erfahrungswelten,
Robert Falcon Scott wird das nachhaltig erleben, später.

1897 starb John Edward Scott, nachdem er den Familienbesitz *Outlands* aufgegeben und eine schlecht bezahlte Anstellung als Leiter
einer Brauerei in Plymouth gefunden hatte. Die Witwe zog mit
ihren Töchtern nach London und versuchte, sich mehr schlecht als
recht irgendwie durchzuschlagen. Ein Mann muss die Verantwortung für die Familie tragen. Gemeinsam mit Robert, dem älteren
Bruder, musste Scott dafür sorgen, dass die Familie nicht Schiffbruch erlitt. 1898 starb der Bruder. Alles blieb nun an Con hängen,
das fordernde Lächeln der Mutter. Darüber hat er sich nie beklagt
und musste doch die Erleichterung empfunden haben, als Ettie und
Rosie, die älteren Schwestern, ihre eigenen Wege gingen, Rosie als
Pflegerin nach Nigeria, Ettie als Schauspielerin, bis sie in die Ehe mit
William Ellison-Macartney einwilligte, einem Parlamentarischen
Staatssekretär der Admiralität.

Trotzdem: Scott saß als Oberleutnant der Torpedowaffe auf der
Majestic fest, dem Flaggschiff eines Geschwaders im Ärmelkanal,
kam nicht vorwärts. Oberleutnant war er schon vor der Ausbildung
zum Torpedofachmann gewesen, gern wäre er als Kapitän auf der
Brücke gestanden. Darüber hat er mit Sir Clements Markham, der
inzwischen zum Präsidenten der Königlichen Geographischen Gesellschaft gewählt worden war, gewiss nicht gesprochen, wenn sie
sich gelegentlich in London trafen. Man sprach über Markhams Lieb-
lingsthema, den Südpol und seine Eroberung durch die britische
Marine. Und noch immer hatte Robert Falcon Scott keinen Schnee
gesehen. 1897.

Zwei Jahre zuvor erwarb Roald Amundsen in Christiania sein Steuermannspatent und startete zum Jahreswechsel seine dritte Exkur-
sion in die *terra incognita* der Berg- und Gletscherwelt Norwegens.
Die Hochregion Norwegens ist im Winter mit ihren Schneestürmen
und beißender Kälte den polaren Regionen nicht unähnlich. Mit
Leon, seinem Bruder, wollte er das Hardangervidda Hochplateau
durchqueren und erlitt beinahe ein Fiasko. Ohne Zelt gerieten die

Brüder ungeschützt in einen heftigen Schneesturm, irrten im Kreis umher. Abends grub sich jeder ein Schneeloch, der Nachtkälte etwas zu entgehen. Irgendwann wachte Roald auf. Die Luft war knapp geworden, die Grube von einer mächtigen Schneewehe verschlossen, der Schlafsack festgefroren wie sein rechter Arm, den er vergessen hatte, in den wärmenden Sack zu nehmen. Er konnte sich nicht bewegen, er konnte nicht schreien, Schneestaub rieselte in die Atemluft. Er geriet in Panik und verschlimmerte nur seine Lage. Das Blut schlug laut an die Schläfen und den Hals hinauf. Leon brauchte drei Stunden, den Bruder aus dem Schnee herauszugraben. Und der eben Gerettete erzählte seinem Retter, dass er wie Franklin oder wie Nansen ins Eis gehen wolle. Zum Nordpol oder wenigstens die Nordwestpassage durchfahren. Leon war der Erste, dem Amundsen sich öffnete. Viele Jahre wird ihm Leon der engste Vertraute sein und Roalds Expeditionen finanzieren helfen. Am Ende aber steht zwischen den Brüdern eine gerichtliche Auseinandersetzung und Amundsen wird Leon nicht mehr kennen, ihn nur noch seinen Sekretär nennen oder, wenn es anders nicht geht, nur mit allen Vornamen. Noch aber waren die Brüder Brüder.

Im gleichen Jahr lernte Amundsen einen Mann kennen, der an der Ostküste Südamerikas heruntersegeln, Kap Horn passieren und Kurs auf Grahamland und Victorialand nehmen wollte. Der Plan des Belgiers Adrien de Gerlache war, dort, wo Borchgrevink als erster Mensch den antarktischen Kontinent betrat, auf Kap Adare, mit vier Mann zu überwintern, während sein Schiff, die *Belgica*, sich nach Australien zurückziehen sollte. Amundsen war begeistert und bot sich dem Expeditionsleiter als Teilnehmer der Reise an, hatte er doch Erfahrungen im nördlichen Eismeer vorzuweisen und sein eben erworbenes Steuermannspatent. Gerlache gefiel der junge Mann, der als Norweger mit Skiern gut umzugehen verstand, und er verpflichtete ihn als Zweiten Offizier und zweiten Steuermann auf sein Schiff. Von Salutschüssen begleitet startete die *Belgica* am 16. August 1897 von Antwerpen aus zu ihrer abenteuerlichen Fahrt. Als sie am 5. November 1899 in den Hafen von Antwerpen zurückkehrte, war Roald Amundsen dem vier Jahre älteren Robert Falcon Scott um Jahre voraus.

3. Lehrjahre in Schnee und Eis

Weshalb, so frage ich, sind wir hierher gekommen? Wollten wir nicht die unbekannten Regionen erforschen? Das kann man nicht, wenn man außerhalb des Eises liegen bleibt.

Roald Amundsen

Ich habe nur ein paar nebelhafte Vorstellungen und rechne sehr wohl damit, dass Pläne schnell und möglicherweise schlecht an Ort und Stelle gefasst werden müssen.

Robert Falcon Scott

Sechs Jahrzehnte hindurch, seit als erster James Clark Ross die große Schelfeisbarriere gesehen hatte, blieb die Antarktis einzig Gegenstand akademischer Diskussionen. Der Welt im letzten Jahrzehnt des 19. Jahrhunderts lag die Arktis näher, bot sie doch den Fischverarbeitungsunternehmen eine kräftige Rendite. Wal- und Robbenfänger durchkreuzten das nördliche Eismeer auf der Suche nach leichter Beute. Die Jagd war leidenschaftslos grausam, wie die Jäger in ihren Heimathäfen als harte Männer bewundert wurden. Was immer vor ihre Harpunen kam, wurde getötet, und wo die Wurfeisen nicht hinreichten, wurden auf dem Packeis die Tiere erschlagen. Vor allem den Norwegern galt der Wal- und Robbenfang zum Jahrhundertende als Schule der Tapferkeit und Manneskraft. Die Zeitungen in Christiania oder Tromsø wurden nicht müde, das blutige Abschlachten zur Schule nationalen Prestiges schön zu reden, als *eine Achtung gebietende Übung, die mit den großen Forschungsleistungen in den Polarregionen zu vergleichen ist.* Auch Amundsen fuhr zur Jagd hinaus, um das Packeis kennen zu lernen und die Schiffe, die seinem Druck trotzten. Dem Bruder schrieb er: *Was einen Robbenfänger kennzeichnet, ist seine kräftige Konstruktion. Starkes Holz ist nötig, der Robbenfänger ist deshalb ganz aus Eiche. Das ist allerdings nicht ganz richtig, denn die Hülle des Rumpfes besteht aus einem leichteren Holz und ist außen mit dem so genannten Eisschild überzogen. Der Eisschild wird aus einer Schicht Eichenholz hergestellt, das mehrere Fuß stark ist. Sie umgibt das innere Gerüst des Schiffsrumpfes und soll dem Druck des Eises, der oft ungeheuer stark sein kann, standhalten. Das besondere*

Kennzeichen eines Robbenfängers ist das Krähennest. Es sitzt unter der Spitze des Hauptmastes. Hier hat der Kapitän seinen Platz, um nach Seehunden Ausschau zu halten und das Schiff durch das dicke und schwere Eis zu steuern. Über die Jagd schrieb er nichts.

Als Amundsen mit dem Robbenfänger hinausfuhr, Scott ein Torpedoboot befehligte, wurde im Juli 1895 in London der Sechste Internationale Geographenkongress abgehalten, zu dem Wissenschaftler aus aller Welt angereist waren, um einmal mehr über die verschollene Nordwest-Expedition John Franklins zu debattieren und über Fridtjof Nansen.

1893 hatte Nansen sein Schiff, die *Fram*, nördlich der Neusibirischen Inseln in das Eis gesteuert, um, im Packeis eingeschlossen, nach Spitzbergen zu driften, vielleicht über den Nordpol hinweg. Ein abenteuerlicher Plan, dessen möglicher Erfolg oder Misserfolg von den anwesenden Gelehrten heftig erörtert wurde. Das Interesse am Südpol dagegen blieb auf wenige Insidergespräche am Rande des Kongresses beschränkt, bis ein junger Mann das internationale Auditorium durch seinen burschikosen Auftritt und mit der Mitteilung überraschte, dass er den antarktischen Kontinent als Erster betreten habe und weitere Unternehmungen plane: Carsten Borchgrevink. Was der Norweger im geliehenen Frack vor den Koryphäen des Kongresses über seine Erlebnisse am Kap Adare und von der Eisbarriere zu erzählen wusste, begeisterte die Gesellschaft derart, dass der Kongress folgenden Beschluss fasste: *Die Erforschung der antarktischen Gebiete ist die größte Aufgabe für die geographische Forschung; sie sollte vor Ende des Jahrhunderts in Angriff genommen werden.*

Damit war künftigen Polarfahrten der Südkurs vorgegeben, kurioserweise im gleichen Augenblick, als Fridtjof Nansen mit seiner Polarfahrt scheiterte. Doch davon wusste in London noch niemand. Bereits im März des Jahres hatte Nansen gemeinsam mit Hjalmar Johansen die driftende *Fram* verlassen, um ausgerüstet mit Schlitten, Hunden und Skiern zum Nordpol vorzustoßen. Sie kamen weiter als je zuvor einer gekommen war, bis auf 86 Grad 14 Minuten nördlicher Breite, ehe sie umkehren mussten. Ein 500 Meilenmarsch zurück über das Packeis stand ihnen bevor, ein langer Winter, ehe sie im Juni 1896 von einer englischen Arktisexpedition am Rande des

Eises eher zufällig entdeckt wurden. Zwei Männer, die sich nie aufgegeben hatten.

Als Nansen und Johansen nach Norwegen zurückkehrten, von ihren Landsleuten begeistert empfangen, blickte die Welt schon nach Süden, waren die Teilnehmer des Londoner Geographenkongresses eifrig bemüht, nationale Expeditionen in die Antarktis zu organisieren. Die Eroberung des Südpols war zum Generalangriff aller auf einen Kontinent stilisiert worden, zu einer Schlacht um den Südpol, in der jede Nation als Erste ihre Fahne am Pol aufpflanzen wollte. Der Generalangriff aber begann als Scharmützel in den Amtsstuben der Ministerien und als zermürbender Stellungskampf um die notwendige Finanzierung der Unternehmungen. Auch Sir Clements Markham, der im Aufwind des Kongresses seinem Ziel, zuerst Englands Fahne am Pol aufzurichten, greifbar nahe gekommen zu sein glaubte, blieben vorerst weiterhin die Hände gebunden. Die Marine hatte andere Sorgen, war mit einer vorsichtigen Modernisierung ihrer Flotte beschäftigt, und das britische Königshaus blickte nach Afrika, wo im diamantenreichen Betschuanaland und Rhodesien sich der Burenkrieg schon ankündigte. Erst nach der Jahrhundertwende, zwei Jahre nachdem die *Belgica* aus dem Südmeer mit einer Niederlage zurückgekehrt war, sollten die Briten, wie die Deutschen und Schweden, eine Antarktisexpedition starten. Doch auch der belgische Marineoffizier Adrien de Gerlache, als er seinen König Leopold II. um finanzielle Unterstützung bat, fand die Staatskasse verschlossen. In der Eroberung eines imaginären Punktes auf dem Eis sah der belgische König keinen Sinn, zudem hatte er alle Hände voll zu tun, den Kongo zu kolonisieren. De Gerlache aber konnte – anders als Markham es vermochte – private Sponsoren für die Idee begeistern, Belgiens Fahne auf dem unbekannten Kontinent aufzuziehen. So segelte er also um die halbe Erde und durfte der internationalen Aufmerksamkeit sicher sein. Das ganze Unternehmen jedoch war zu schlecht vorbereitet, um zu einem guten Ende zu kommen. Amundsen hätte es wissen müssen und war doch vom Ehrgeiz geblendet, an De Gerlaches Seite nach dem Londoner Kongress am Ort des weltweiten Interesses zu landen.

Die Bootsmannschaft des ehemaligen, 500 Tonnen kleinen norwegischen Walfängerschiffs war ebenso bunt zusammengewürfelt wie die wissenschaftliche Crew. Belgier, Norweger, Polen, ein Rumäne und als Arzt ein Amerikaner. Doktor Frederick Cook hatte bereits an einer Expedition nach Nordgrönland teilgenommen und sollte später seinem Landsmann Peary den Anspruch auf die Erstbezwingung des Nordpols streitig machen.

Januar 1898 sichtete die *Belgica*, nordwestlich der Südshetland-Inseln, den ersten Tafeleisberg. Bis zu diesem Zeitpunkt war die Fahrt problemlos verlaufen, abgesehen von handgreiflichen Streitereien einiger Matrosen untereinander. Nun sollte sich alles ändern.

Was der Führungscrew der Expedition, dem Kapitän und seinen Offizieren eine Herausforderung war, durch bislang unbekanntes Gebiet zu segeln, erschreckte die Mannschaft umso mehr, als in der Meerenge zwischen der Schnee- und der Smithinsel ein kräftiger Sturm das Schiff ansprang und einen Matrosen über Bord spülte. Die belgische Flagge auf halbmast gezogen, erreichte die *Belgica* die Westküste von Graham Land. Ein trostloses Fleckchen Erde mit spitzen Bergen aus Eis und Schnee. Furcht nistete sich in den Mannschaftskojen ein.

De Gerlache steuerte das Schiff in eine auf den ohnehin nur skizzenhaft notierten Seekarten nicht eingezeichnete Wasserstraße und hoffte dabei, dass sie ihn in das Weddellmeer führen würde. Was er fand, war eine Meerenge zwischen dem Graham Land und den Brabant Inseln. Heute trägt diese Meerenge seinen Namen und gilt als entscheidende Entdeckung der belgischen Antarktisexpedition.

Amundsen notierte über die Fahrt in dem unbekannten Gewässer: *Als ich um Mitternacht an Deck kam, hatten wir schwachen Sturm, schweren, nassen Schnee und dichten Nebel. Der Wachhabende, den ich ablöste, meldete, dass das Schiff nach seiner Meinung weit von allem Land entfernt sei. Dennoch hielt ich scharf Ausschau nach vorn und leewärts. Eine halbe Stunde nach Mitternacht erblicke ich leewärts vom Bug einen dunklen Streifen, der sich nicht zu bewegen scheint. Mir bleibt nicht viel Zeit zur Entscheidung. Ich werfe die Ruderpinne leewärts; das Schiff dreht ab und lässt den dunklen Streifen achteraus. Es klart so weit auf, dass ich mich von dem, was ich gesehen zu haben meinte, überzeugen kann. Es war weites, hoch gelegenes Land, und nicht weit entfernt, dessen bin ich sicher. Ein wenig früher oder später wäre es unmöglich gewesen, in dem starken Schneetreiben und dem undurchdringlichen Nebel etwas zu erkennen. Das Gleiche hat sich mehrmals ereignet.*

Drei Wochen kreuzte die *Belgica* in der Meerenge, mehrmals gingen die beiden Polen Henryk Arctowski und Anton Dobrowolski an Land, um geologische und glaziologische Studien zu treiben. Amundsen probierte unterdessen auf den Inseln seine Skier aus und unternahm gemeinsam mit De Gerlache, Cook, Arctowski und dem Geophysiker Emile Danco eine einwöchige Schlittentour auf der gerade entdeckten Brabantinsel, um die De-Gerlache-Meerenge von dem Gipfel des Berges herab zu kartographieren. Er ist glücklich. *Der Schnee war sehr locker. Wir mussten deshalb den Standort für das Zelt ausgraben. Drei von uns beschäftigen sich damit, die beiden anderen bereiten im Windschatten des Schlittens das Essen. Die erste Aufgabe braucht die meiste Zeit. Dann streckt unser kleines Zelt seine Spitze gegen Schnee und Wind. Unser Bedarf für die Nacht – Schlafsäcke und trockene Strümpfe – wird ins Zelt getragen. Die übrigen Sachen bleiben, wohl geschützt unter Decken, auf dem Schlitten. Als die heiße Erbsensuppe vor uns steht, sind Wind und Schnee vergessen. In einem Königspalast könnte man nicht glücklicher sein. Diese Exkursionen sind herrlich; ich hoffe, ich habe noch häufig Gelegenheit dazu.*

Im Februar sank die Meerestemperatur unter minus 1,8 Grad Celsius ab und auf der Wasseroberfläche bildeten sich kleine sechseckige Eiskristalle, die zu langen Nadeln wuchsen. Es begann die Vereisung des Meeres und die Furcht der Mannschaft vor dem unwirtlichen Ort stieg. Der Eisbrei schloss sich fester und fester zusammen, mutierte zu Eisschollen, die sich gegeneinander rieben und an den Rändern aufwölbten. Der antarktische Winter kündigte sich an. Andere Kapitäne hatten sich vor dem stetig wachsenden Packeis zurückgezogen, De Gerlache aber hielt an seinem ehrgeizigen Plan fest, als Erster in der Antarktis zu überwintern. Er wollte ein belgischer Nansen werden, sein Schiff einfrieren lassen und, mit dem Packeis treibend, möglichst weit nach Süden vordringen. Eine Idee, die auch unter den Wissenschaftlern an Bord wenig Zuspruch fand. Dafür aber war er nicht ausgerüstet, zudem hatte er eine Überwinterung für nur vier Männer vorgesehen, während das Schiff mit der Mannschaft nach Australien zurückkehren sollte. Amundsen, der die ganze Reise ohnehin nur als Lehrstunden für seine künftigen Unternehmungen betrachtete, notierte: *Leider zeigen die Wissenschaftler offen ihre Furcht. Sie sträuben sich, weiter in das Eis vorzu-*

dringen. Weshalb, so frage ich, sind wir hierher gekommen? Wollten wir nicht die unbekannten Regionen erforschen? Das kann man nicht, wenn man außerhalb des Eises liegen bleibt.

Als de Gerlache am 28. Februar die *Belgica* in die wogenden, krachenden Eisschollen steuerte, musste seinem Zweiten Steuermann bewusst geworden sein, dass der Kapitän den Rückzug nicht antreten würde. Zwei Tage später lag das Schiff im Eis und für die Dauer des Winters eingeschlossen. Der allgemeinen Unruhe an Bord begegnete De Gerlache, weil er der Schiffsbesatzung die Wahrheit nicht zumuten wollte oder konnte, mit gefälschten Positionsangaben und der vor der Mannschaft wiederholten Hoffnung auf eine unmittelbar bevorstehende Befreiung. Irgendwann ergab sich die Mannschaft in ihr Schicksal: Die Ersten zu sein, die den südlichen Polarwinter erlebten, die Dunkelheit, wenn die Sonne monatelang nicht aufgeht, Wind, Kälte und jenes auszehrende Gefühl der Vereinsamung, tagaus, tagein, Monat für Monat. Niemand konnte vorhersagen, ob sie aus dem Eis jemals wieder freikommen werde oder ob die *Belgica* wie ein Pappkarton zerdrückt werden würde. Zwei Matrosen verloren den Verstand, andere erlagen dem Skorbut, einer durch den akuten Mangel an Vitamin C hervorgerufenen tödlichen Krankheit.

Über die Ursache des Skorbuts, dem bis 1900 mehr Seeleute zum Opfer fielen als in allen Seeschlachten getötet wurden, wusste der Schiffsarzt Dr. Cook aus Boston nichts. Gegen diese Seuche, die das Fleisch faulen lässt, glaubte er dennoch ein Heilmittel zu kennen. De Gerlache aber lehnte es rundheraus ab, rohes Robben- oder Pinguinfleisch als Hauptnahrungsmittel auf seinem Schiff zuzulassen, hatte er doch ausreichend Lebensmittel-Konserven an Bord. Es kam, wie es Jahrhunderte hindurch immer gekommen war, wenn aus Mangel an frischer Nahrung dem Körper nicht ausreichend Vitamin C zugeführt werden konnte: Geschwollene Glieder, Zahnfleischbluten, lockere Zähne, Lethargie bis zur geistigen Verwirrung, Depressionen. Die Mannschaft wurde apathischer, Emile Danco, der für seinen Platz auf der *Belgica* viel Geld bezahlt hatte, starb. Nur wenige hörten auf Dr. Cook. Auch Amundsen scheute sich nicht, rohes, tranig schmeckendes Fleisch zu kauen. Er ließ sich von der allgemeinen Niedergeschlagenheit nicht anstecken, bis zum Schluss nicht. *Die Sonne beendet morgen ihren Weg nach Norden und beginnt ihre Rück-*

wanderung. Ich freue mich natürlich darauf, sie wieder zu sehen, doch habe ich sie nicht einen Augenblick vermisst. Im Gegenteil, ich habe es ja so gewollt … Ich hoffe, ich habe die Gesundheit und die Kraft, das begonnene Werk fortzusetzen.

Als die Sonne wieder über den Horizont stieg, war die erste von Europäern durchlebte antarktische Nacht vorbei und das rohe Fleisch, wenn schon nicht als Nahrungsmittel, wurde als Medizin von immer mehr Besatzungsmitgliedern akzeptiert. Hoffnung kam auf und Pläne wurden gemacht. Noch aber saß die *Belgica* fest.

Und wieder gab es Streit, diesmal zwischen dem Kapitän und Amundsen, dem Zweiten Steuermann und Zweiten Offizier an Bord. *Ich habe mich Ihnen ohne Soldforderung angeschlossen. Es war eine Frage der Ehre, nicht des Geldes. Diese Ehre haben Sie beleidigt, indem Sie mir mein Recht verweigern. Eine belgische Antarktisexpedition existiert für mich nicht mehr. Ich sehe in der Belgica nur noch ein gewöhnliches Schiff, das im Eis festsitzt. Es ist meine Pflicht, den Männern an Bord beizustehen. Deshalb, Kapitän, setze ich meine Arbeit fort, als sei nichts geschehen.* Was war geschehen?

Vor Beginn seiner Expedition hatte De Gerlache der Belgischen Geographischen Gesellschaft versprechen müssen, belgischen Offizieren bei einer eventuell notwendigen Übertragung des Kommandos den Vorrang zu geben, unabhängig vom Dienstgrad. Wäre demnach der Erste Steuermann ausgefallen, hätte nicht Amundsen als Zweiter Steuermann das Kommando übertragen bekommen, sondern der Dritte, Meiaerts, ein Belgier. Der Erste Steuermann fiel nicht aus. Amundsen aber, als er von solcher Absprache erfuhr, in der er eine beleidigende Herabsetzung seiner Fähigkeiten sah, reagierte leidenschaftlich und seinem Naturell entsprechend. In späteren Jahren werden seine Reaktionen auf aus welchen Gründen auch immer vorgetragene Zweifel oder Kritik an seiner Person ein fast pathologisches Ausmaß haben. Er war nicht der Mann, der anderen ein Urteil über sich gestattete, Kritik ertragen konnte. Wo er ihr ausgesetzt war, glaubte er sich auf eine fast hysterische Weise von Neidern verfolgt. Jetzt aber musste er diese auch nur angenommene Zurücksetzung aushalten, denn die *Belgica* lag noch immer festgefroren im Eis, seit nunmehr neun Monaten.

Im Januar 1899 begannen die Männer einen Kanal in das Eis zu sägen und zu sprengen, hatte man doch eine Meile vom Schiff entfernt eine Wasserrinne entdeckt, die den ganzen Winter offen geblieben war. Käme man bis dorthin, würde die *Belgica* gerettet sein. Doch die mühsam herausgearbeitete schmale Fahrrinne sollte sich immer wieder unter dem Druck des Eises schließen. Die Furcht vor einer möglichen zweiten Überwinterung erfasste alle. Der Gedanke lag nahe, das Schiff im Stich zu lassen und mit den Schlitten über das Eis an Land zu fahren. Am 15. Februar um zwei Uhr in der Frühe war der Kanal für einen Augenblick offen. Der Kessel wurde unter Dampf gesetzt, und endlich nahm die *Belgica* aus eigener Kraft langsame Fahrt auf. Einen Monat quälte sie sich durch den 700 Meter langen Kanal. Manchmal gefror die Hoffnung, das offene Meer zu erreichen. *Wir kommen nicht weiter voran, wir sind unrettbar verloren ... Der Maschinist kommt an Deck. Er sieht die Lage mit eigenen Augen. Wir brauchen ihn nicht aufzufordern, mehr Dampf zu geben. Im Nu ist er wieder unter Deck, und die Maschine arbeitet, wie sie nie gearbeitet hat und nie wieder arbeiten wird. Wir kämpfen uns vorwärts, Zoll für Zoll, Fuß für Fuß, Meter für Meter. Wir sind gerettet. Im kritischen Augenblick hat das Eis nachgegeben. So endete die erste Überwinterung in der Antarktis.*

Am 14. März lag das Schiff endgültig frei. Knapp 14 Tage danach, am 27. März, fielen in Punta Arenas, der chilenischen Hafenstadt in der Magellanstraße, die Anker, ehe die *Belgica* ihre Heimreise über den Atlantik nach Antwerpen antrat. Roald Amundsen aber, die Verärgerung über de Gerlache saß tief, ging schon in Punta Arenas von Bord, um mit einem Postschiff nach Norwegen zurückzukehren. Er war ausgezogen, Erfahrungen zu sammeln und seine Fähigkeiten in der antarktischen Nacht zu erproben, jetzt interessierte ihn das Unternehmen nicht mehr. De Gerlache und Cook veröffentlichen Bücher über ihre Erlebnisse: Amundsen schwieg, abgesehen von einem Angebot an Fridtjof Nansen. *Nachdem ich gerade von der Belgischen Antarktisexpedition zurückgekehrt bin, gestatte ich mir, anzufragen, ob Sie, Herr Professor, interessiert wären, etwas über die Reise zu hören. In diesem Fall würde ich Ihnen gern zur Verfügung stehen.*

Über Adrien de Gerlache hat Amundsen nie wieder ein Wort verloren. Dagegen schrieb das Expeditionsmitglied Dobrowolski eher begeistert über den Belgier und die Ergebnisse ihrer Reise in die Antarktis. *Die Expedition kehrte heim mit dem ersten vollständigen*

meteorologischen Jahresbericht, der ersten Grundlage einer antarkti-
schen Klimatologie, dem ersten Nachweis eines Niederdruckringes um
die Antizyklone des Antarktischen Kontinents und auch mit der ersten
Sammlung ozeanischer Organismen der Antarktis eines Jahreskreises
... Und schließlich war unsere Seereise die erste Schule jenes ungewöhn-
lichen Forschers, des Napoleon der Polargebiete. Amundsens.

Für den meteorologischen Jahresbericht oder die Grundlagen
einer antarktischen Klimatologie hat sich Amundsen kaum interessiert. Ihn reizte nicht einmal die Antarktis: Amundsen richtete traditionell all seine Zukunftspläne nach Norden, in die Arktis; dort
wollte er seine Siege erringen, für sich, für sein Land. Den Nordpol
erreichen, besser sein als Nansen; ein anderes Lebensziel kannte er
nicht. Insoweit waren die Jahre auf der *Belgica* Lehrjahre, die die
Phantasie des Norwegers anregen sollten. Der südliche Kontinent
war ihm nicht wichtig. Vorerst nicht.

Lautlos und ohne öffentliches Aufsehen zu erregen, kehrte er
nach Christiania zurück; ein Privatmann, der eine Studienreise unternommen hatte und sich von den Anstrengungen erholen wollte.
Amundsen wartete, wie viele Menschen damals, auf den Jahrhundertwechsel, leistete seinen Wehrdienst ab und radelte mit Leon
durch Westeuropa. Er hatte vorerst genug Schnee gesehen und es
störte ihn wenig, dass andere Nationen Forschungsreisen in die Antarktis vorbereiteten. Oder Carsten Borchgrevink, Amundsens Spiel-
gefährte aus den Kindertagen, der eine eigene Südpolarexpedition
auf die Beine brachte, mit 35 000 Pfund, gesponsert von einem englischen Buchhändler, der sich davon ein profitables Geschäft versprach. Mit dem Segler *Kreuz des Südens* steuerte Borchgrevink im
Frühjahr 1899 das Kap Adare an, baute auf dem antarktischen Kontinent die erste Forschungsstation, eine Hütte, in der er mit neun
Gefährten die erste Überwinterung auf dem Festland durchstand.
Mochte Borchgrevink in der Antarktis erfolgreich sein, Amundsen
wollte den Nordpol.

Sir Markham, der Borchgrevinks britisch-norwegische Expedition
als nationale Schande empfand, bestand doch der Anteil Englands an
dem Unternehmen einzig in dessen Finanzierung, sah in den letzten
Tagen des scheidenden Jahrhunderts einen Streifen Hoffnung am
Horizont seiner Pläne. Ein Londoner Geschäftsmann versprach, einer

rein britischen Expedition mit 25 000 Pfund beizustehen. Damit waren 40 000 Pfund in der Reisekasse, und im Sommer 1899 stellte der Erste Lord des Schatzamtes einen Zuschuss des Parlaments von 45 000 Pfund in Aussicht, weitere 5000 brachte die Königliche Geographische Gesellschaft auf. Königin Viktoria wünschte der Expedition Erfolg und der Prinz von Wales übernahm die Schirmherrschaft. Solch plötzliche Freigebigkeit war die politische Reaktion auf die Absicht des deutschen Kaisers Wilhelm II., mit einer unter dem Kommando von Erich von Drygalski stehenden Expedition auf der Antarktis Flagge zu zeigen. Entsprechende Mittel hatte der Reichstag in Berlin bereits genehmigt und das englische Königshaus wollte dem Konkurrenten, dessen aggressive Außenhandelspolitik und wachsende militärische Stärke die eigene Position gefährdeten, die südpolare Region nicht unwidersprochen überlassen.

Scott, seit zehn Jahren Oberleutnant und ohne Aussicht, die Karriereleiter weiter emporzusteigen, wusste, dass es seiner Laufbahn dienlich sein könnte, wenn er sich an herausragender Stelle dem Unternehmen Südpol anbieten würde. So erschien er, kurz nachdem die Antarktisexpedition angekündigt worden war, in Markhams Wohnung am Eccleston Square und bot sich ihm als Leiter der Expedition an. Markham dachte an andere Männer, die aber erteilten ihm Absagen. Englands Flotte bereitete sich auf eine Auseinandersetzung mit den Deutschen vor, da wollte sich niemand in den entfernten Weltwinkel abkommandieren lassen, wo allenfalls wissenschaftlicher Lorbeer, nicht aber militärischer Ruhm zu ernten war. Der fast siebzigjährige Markham und der einunddreißigjährige Oberleutnant der neuen Torpedowaffe wurden sich einig. Einige Monate später, am 30. Juni 1900, wurde Scott zum Fregattenkapitän befördert und offiziell zum Leiter der Nationalen Antarktis-Expedition ernannt, der 90 000 Pfund zur Verfügung standen, nach heutiger Währung etwa drei Millionen Dollar.

Scott war gewiss ein Kompromisskandidat, von dem niemand so recht wusste, ob er das Zeug zu dieser Aufgabe hatte, auch Markham nicht. Doch der Präsident der Königlichen Geographischen Gesellschaft hatte kaum eine andere Wahl, da die Zeit drängte. Scott wiederum hatte seine Beförderung in der Tasche und den doppelten Sold. Dafür musste er hinnehmen, dass Markham das Unternehmen vorbereitete, der Kommandant nur stramme Haltung bewahren musste. Clements Markham, die ebenso belächelte wie unbestrittene Kapazität, war einer jener typischen Briten der Regierungszeit Königin Viktorias, die nicht über die Insel hinausblickten. In Dundee ließ er das Expeditionsschiff, die *Discovery*, auf Kiel legen, obwohl Britannien große Holzschiffe nicht mehr bauen konnte. Als die *Discovery* vom Stapellauf weg ihre Reise antrat, leckte sie an mehreren Stellen und musste unterwegs überholt werden.

Entscheidender für Scotts weiteren Lebensweg sollte die schon verbohrte Abneigung Markhams gegen Hunde als Zugtiere werden. *Hunde sind richtig für Grönland-Eskimos und Bewohner Sibiriens. In jüngster Zeit hat man für Reisen in die Arktis häufig auf Hunde zurückgegriffen. Jedoch nichts, was man damit erreicht hat, ist zu vergleichen mit dem, was Menschen ohne Hunde vollbracht haben.* Britische Matrosen brauchen die Hunde nicht und auch nicht Skier. *Ich laufe seit 1877 Ski, käme aber niemals auf den Gedanken, auf Skiern etwas hinter mir herzuziehen – das wäre auch schier unmöglich – oder sie auf gefrorenem Schnee anzuziehen. Sie sind dafür nicht geeignet.* Markham blieb, wie generell das britische Königreich zu Queen Viktorias Zeiten, in einer starren Haltung verschlossen. Scott stand daneben und lächelte. Besser wusste auch er es nicht, hatte er doch noch immer keinen Schnee gesehen.

Im Herbst 1900 besuchte er in Christiania Nansen. Eine Pflichtübung, um den Weiheschlag jenes Mannes zu erhalten, der mit seiner Grönlanddurchquerung und der *Fram*-Expedition für Aufsehen gesorgt hatte. Immerhin konnte der als internationale Koryphäe gehandelte Doktor der Zoologie Scott überreden, wenigstens einige Hunde und Skier auf die Reise mitzunehmen. Mit den Hunden sollte Scott nicht zurechtkommen und auch mit den Skiern nicht. Den Brief, den Nansen ihm mitgegeben hatte, las er später, in Cowes, an Bord der *Discovery. Sie leiten jetzt eine neue Periode der Antarktischen Forschung ein. Ich bin sicher, dass Sie große Landentdeckungen machen werden, hoffe aber auch, dass Sie Zeit und Gelegenheit finden, große Entdeckungen in den südlichen Gewässern zu machen, denn jede Tiefenmessung und jede Wasserprobe ist erobertes Neuland für die Wissenschaft. Ich kann Ihnen keinen besseren Wunsch mit auf den Weg geben als den der Eskimos: Mögen Sie immer in offenen Gewässern segeln!*

Im Januar 1901 starb Viktoria I. und Edward VII. nahm auf dem britischen Thron Platz. Im August, ehe noch die *Discovery* von Cowes aus den Solent hinunter und in den Ärmelkanal segelte, besichtigte der König Schiff und Mannschaft. Jede Zeit hat ihre Rituale, und eine nationale Mission kommt ohne die Insignien der Nation nicht aus. Stolz nahm Scott aus seiner Hand den Viktoria-Orden entgegen. Am 26. läuft sein Schiff in den Atlantik ein. Zwei Wochen später lässt er in der Offiziersmesse das Bildnis von Sir Markham von der Wand abnehmen. Es ist seine Crew, seine Expedition in die Kälte, während der Präsident der Königlichen Geographischen Gesellschaft in London im Warmen sitzt und erwartet, dass ihm andere die Kastanien aus dem Feuer holen. Scott brannte vor Ehrgeiz.

Am 18. Januar 1902 sah er die Antarktis zum ersten Mal, wie die meisten auf der *Discovery.* An Nansen schrieb er: *Die Expedition verfügt über eine Mannschaft, die wenig Wissen und keine Erfahrung hat, außer in Bezug auf das Meer und seine Launen. Darüber hinaus bin ich mir klar bewusst, dass mir ein Plan fehlt. Ich habe nur ein paar nebelhafte Vorstellungen und rechne sehr wohl damit, dass Pläne schnell und möglicherweise schlecht an Ort und Stelle gefasst werden müssen.*

Nachdem die *Discovery* am Kap Adare kurz Anker geworfen hatte, steuerte Scott das Schiff unter der Küste des Viktoria Landes weiter südwärts bis zum McMurdo-Sund und ostwärts die Eisbarriere entlang. Wie Borchgrevink zwei Jahre zuvor erreichte er die Bucht der Wale und segelte weiter ostwärts. Am 30. Januar 1902 entdeckte er am östlichen Ende der Rossbarriere bislang unbekanntes Land, das er nach seinem König King Edward VII-Land nannte. Eintragung in das Logbuch: *4.30 h nachm. Einfahrt in eine Bucht. Im Inland Hügel klar zu erkennen. 5.50 h. Land über Eisgipfel gesehen. 6.45 h. Nackten Felsen entdeckt, der zwischen schneebedeckten Hügeln aufragt.* Die Weiterfahrt verhinderte Packeis, dessen Zugriff sich die *Discovery* im letzten Augenblick glücklich entziehen konnte. Scott drehte bei und gönnte der Mannschaft eine zweitägige Ruhepause in der Bucht der Wale. Für viele war das ihre erste Begegnung mit Eis und Schnee. Man probierte die Skier aus und ließ einen mit Wasserstoff aufgefüllten Fesselballon auf eine Höhe von 244 Meter steigen. Was Scott aus dem Beobachtungskorb sah, musste ihn beeindruckt haben. Leicht ansteigendes Schelfeis, eine in der Sonne glitzernde Wüste bis hin zu den wuchtigen Erhebungen im Süden.

Scott misstraute der Eisformation. Mochte Borchgrevink von

einer Rennbahn zum Südpol sprechen, er würde sein Schiff hier nicht vor Anker legen, zu drohend dicht ragen die Eisabbrüche neben der *Discovery* empor. Neun Jahre später errichtete Amundsen in dieser Bedrohung sein Basislager zum Sturmlauf auf den Pol. Scott aber kehrte zurück an das westliche Ende des gewaltigen Eisabbruchs, zum McMurdo-Sund, den ihm der Bibliothekar der Königlichen Geographischen Gesellschaft als seines Wissens besten Ausgangspunkt für Entdeckungen ins Innere des Antarktischen Kontinents empfohlen hatte. Unterhalb des Erebus, wo der Sund in das offene Ross-Meer mündet, fand Scott eine seichte Stelle, seinen Winterhafen, nahezu von allen Seiten gegen Eisdruck geschützt. Er hatte sein Nahziel erreicht und dabei die Disziplin an Bord nicht schleifen lassen.

Während der Kreuzfahrt vor der Rossbarriere notierte ein Matrose in sein Tagebuch: ... *dieses monotone Deckschrubben jeden Morgen in der Antarktis bei Temperaturen, die weit unter dem Gefrierpunkt liegen, ist geradezu schrecklich. Es scheint, als könnte man den Marinebefehl nicht vergessen – du darfst nicht unterlassen, die Decks zu schrubben, ganz gleich, welche Bedingungen herrschen.* Die Aufrechterhaltung der Disziplin und die Ausführung einmal erteilter Befehle galten der englischen Marine als oberstes Gebot. Einmal wird Scott dieses Gebot verfluchen und wird doch den Fluch für sich behalten.

Es war Markhams Idee, dass eine kleinere Landungsmannschaft in drei winzigen Hütten überwintert, während das Schiff nach Australien zurückkehren sollte. Scott entschied sich dagegen, ließ die 485 Bruttoregistertonnen fassende, 52,5 m lange und 10,5 m breite *Discovery* mit Beginn der zunehmenden Vereisung des Gewässers unter dem Erebus einfrieren. Die Segelrahen, das Ruderblatt und die Schiffsschraube wurden abmontiert, die Kessel entleert und über das ganze Deck wurde eine Zeltplane gespannt.

Am 23. April senkte sich für mehr als hundert Tage die Polarnacht über die Briten. Scott selbst blieb in seiner Kommandokoje an Bord der *Discovery* und steckte, wenn er fror, die Füße in eine mit getrocknetem Gras aus der Arktis angefüllte Heukiste. Er hatte eine Abneigung gegen Pelze. Das Expeditionsschiff lag auf dem 78. Grad südlicher Breite und 500 Meilen näher zum Pol als alle bisherigen Winterquartiere. Weit nördlicher lagen die Deutschen unter Drygalski am Rande des südlichen Polarkreises vor dem Kaiser Wilhelm II.-Land fest und die Schweden unter Nordenskjöld auf der Schneeberg-Insel im Weddell-Meer. Von allen hatten die Briten die längste antarktische Winternacht vor sich.

Wie schon auf der *Belgica* stürzten lange Dunkelheit, Einsamkeit und Temperaturen unter minus 50 Grad die Mannschaft der *Discovery* in Verzweiflung und Furcht, sich aus dem Eis nicht mehr befreien zu können. Scott reagierte mit stets gleich bleibender Freundlichkeit, einem wie festgewachsenen Lächeln und mit der tradierten Trennung zwischen Offizieren und Mannschaften. Er inspizierte die Unterkünfte und hielt an allen Sonntagen Gottesdienste ab, dann gab es den obligaten Hammelbraten. Später wurde er dafür kritisiert, dass zwei Marinesoldaten eigens für die Bedienung der Offiziere mitgenommen worden waren. Auch im Schnee wurde die militärische Zucht in der viktorianischen Marine aufrechterhalten, vielleicht weil er glaubte, dass eine unerschütterlich beibehaltene Alltagsroutine der extremen Belastung ein psychologisches Bollwerk errichten würde. Eis, Schnee und Kälte aber kümmern sich nicht um die durchgesetzte Disziplin, so versuchte Scott dann auch die Moral seiner Truppe durch Ablenkungen zu heben. Zur Mittagszeit, wenn der Mond sein Licht auf das Eis warf, wurde Fußball gespielt. Nach dem Abendessen standen für die Wissenschaftler und Offiziere Diskussionsrunden auf dem Programm, während in den aus England mitgebrachten Bühnenkulissen Laienspieler agierten, um den Rest der Crew aufzumuntern. Ernst Shackleton, Offizier der Handelsmarine und Liebhaber lyrischer Gedichte, wie Scott zum ersten Mal in der Antarktis, kümmerte sich weiterhin um seine Monatszeitschrift *Südpolar-Times*, in der jeder Beiträge veröffentlichen konnte. Die Bitterkeit, die später zwischen beiden Männern herrschen wird, begann in dieser Polarnacht eher als Freundschaft, denn Shackleton war unter den Männern der *Discovery* beliebt, während Scott Distanz wahrte. Scott misstraute Shackleton. Den stämmigen Unteroffizier Edgar Evans dagegen bewunderte er. Evans war ein Praktiker, kräftig und noch in heiklen Situationen gelassen ruhig. Ein Mann, wie er im Eis sein sollte. Mehr als jedem anderen vertraut sich Scott Dr. Edward Wilson an, der als Privatmann in das *Discovery*-Team aufgenommen worden war. Ihm zuerst teilte er mit, dass er zum Südpol marschieren wolle, wenn erst der Winter vorbei sei.

Am 22. August 1902 stieg wieder die Sonne über den Horizont und Scott schickte mehrere Land-Expeditionen zu ersten Erkundungen aus. Nahrungsmitteldepots wurden angelegt und mit Wimpelstangen gekennzeichnet. Der Aktionsradius der Briten vergrößerte sich, aber auch die Schwierigkeiten, denen die Männer nun ausgesetzt waren. Um auf das Schelfeis hinaufzukommen, mussten Brechstangen in das Eis gerammt und die Schlitten mit Flaschenzügen hochgezogen werden.

Am 2. November wurden Scott, Wilson und Shackleton bei schönem Wetter von der gesamten Mannschaft lebhaft verabschiedet. Der erste Vorstoß ins Innere der *Terra incognita* begann mit neunzehn Hunden, die an einem einzigen Zugseil vor fünf Schlitten vorgespannt waren. Scott wusste es nicht besser und die drei hatten Mühe, das Gespann in Trab zu bringen. Huskys ziehen anders als Ochsen oder Pferde, nicht gleichmäßig diszipliniert, sie lieben den Sprint und häufige Pausen. Huskys taugen nicht für den gleichförmigen Trott britischen Durchhaltewillens. Die Männer kamen mit den Hunden nicht zurecht und keiner wusste, dass die Tiere einen Führer brauchten, dem die Meute nachjagen konnte. Die andere Schwierigkeit hatten sie unter ihre Füße geschnallt: Skier. Scott, Wilson und Shackleton waren keine Skiläufer, immer wieder rutschte ihnen das Brett unter dem Schritt weg, dann schmissen sie die Skier auf den Schlitten und stampften mühsam über hartem oder lockerem Schnee dem Hundegespann hinterher. Die Segeltuchjacken, Standardbekleidung der Marine, saßen an den falschen Stellen zu eng, schützten nur unzureichend vor Kälte. Wilson wurde vorübergehend schneeblind und Shackleton erkrankte an Skorbut, die Huskys wurden krank. Den Winter hindurch hatte man die Tiere mit Zwieback ernährt, erst als die Schlittenfahrt begann, warf man ihnen Stockfisch vor, den man aus England mitgebracht hatte. Achtzehn Monate hindurch lagerte das Hundefutter unbeachtet im Bauch der *Discovery*, jetzt war es verdorben und die Huskys bekamen Durchfall, magerten ab, manche starben. Die starben, wurden an die Lebenden verfüttert.

Dennoch. Am 25. November 1902 erreichten Scott, Shackleton und Wilson 82 Grad 17 Minuten südlicher Breite – sie hatten sich dem Pol bis auf 620 Kilometer genähert. So weit war noch kein Mensch gekommen.

Der Rückweg war mörderisch. Da sich die Hunde nicht mehr vor die Schlitten einspannen ließen, zogen die Männer selbst die Schlitten. Zwei Tage mühte sich Scott vor dem Schlitten, dann erteilte er Wilson den Befehl, die beiden letzten noch lebenden Hunde zu töten. Shackleton brach zusammen und weigerte sich, auf einem Schlitten sitzend von den anderen gezogen zu werden. Auch Wilson und Scott litten an Skorbut; ihre Glieder waren geschwollen, die Gelenke schmerzten.

Am 3. Februar 1903 trafen Scott, Wilson und Shackleton wieder im Basislager am McMurdo-Sund ein, wo die *Discovery* noch immer im Eis festgefroren lag. Wie schon vor drei Monaten, als sie aufgebrochen waren, wurden sie von der Crew stürmisch gefeiert und ausgiebig fotografiert. Wilson notierte in sein Tagebuch: *Wir mussten wohl würdige Objekte gewesen sein. Mir wurde erst klar, wie verdreckt wir waren – langes, schmutziges Haar, schwarze, fettige Anzüge, Nasen, von denen die Haut abging, wunde Lippen, alles entweder von der Sonne verbrannt oder gebleicht.*

Shackleton, von hilfreichen Händen an Bord gehievt, schwebte in Lebensgefahr und Scott schickt ihn mit der *Morning,* die als Entsatzschiff am Rande des Packeises in der offenen Ross-See vertäut lag, nach England zurück. Shackleton wollte bleiben und musste doch die Heimreise antreten. So kam eine Männerfreundschaft an ihr Ende, ehe sie begann. Wenn auch auf andere Männer, die ebenfalls zurückgeschickt wurden, gemünzt, dachte Scott auch an Shackleton, als er Markham schrieb: *Es ist ein Irrtum, Leute der Handelsmarine mit Teilen der Kriegsmarine zusammenzulegen, sie haben nie gut zusammen gerudert.*

Die *Morning* war von Markham in die Antarktis gesandt worden, um Scott offiziell eine Aufforderung zur Rückkehr zu überbringen. Ein inoffizielles Schreiben von Markham dagegen forderte Scott zum Bleiben auf und entsprach damit der Absicht des Kommandanten, der in seinem 35. Lebensjahr die Lust am Schnee entdeckt hatte. Die *Discovery* blieb zudem den ganzen Sommer hindurch festgefroren im McMurdo-Sund, eine zweite Überwinterung wurde also unumgänglich. Im folgenden Frühjahr unternahm Scott mit einigen wenigen Männern eine zweite große Erkundungsreise, 600 Meilen westwärts in das Viktoria-Land hinein, den Ferrar Gletscher hinauf. Ein kräftezehrender Marsch aufwärts, ohne Hunde. Die Schlitten wurden von den Männern gezogen, täglich neun bis zehn Stunden. 240 Pfund Last. Gletscheraufwärts. Scott zeigte sich bärenstark und trieb seine Truppe bedingungslos vorwärts. Tagebucheintrag eines Betroffenen: *Das geht wirklich zu weit. Ich bin dagegen, dass man Menschen zu einer solchen Arbeit zwingt; ununterbrochen steht jeder unter höchster Anspannung, und gerade das mag ich nicht – das kann fatal ausgehen.* Auf dem Hochplateau angekommen, schickte Scott alle Männer bis auf zwei zurück. Mit Edgar Evans und dem Oberheizer William Lashley zog er weiter, ehe er bei 146 Grad 33 Minuten westlicher Länge umkehrte. *Die Bedingungen waren so hart, dass ich in der Geschichte der Polarforschung nichts finden kann, was ihnen vergleichbar wäre. Ich bin auf meine Reise ziemlich stolz, obwohl ich in meinem ganzen Leben nicht noch einmal den Gipfel von Viktoria-Land besteigen möchte. Die Anforderungen waren so hart, dass drei meiner Männer ihnen nicht gewachsen waren und zurückgeschickt werden mussten.* Scott war glücklich.

Mit Beginn des Jahres 1904 zeigte sich die Eislage im McMurdo-Sund gleich bleibend hoffnungslos. Das Packeis türmte sich meterhoch. Diesmal näherten sich zwei Schiffe den Eingeschlossenen, die *Morning* und die *Terra Nova*, um die Expeditionsmannschaft zu entsetzen. Der Befehl aus London war eindeutig. *Wenn die Discovery sich nicht vom Eis befreien kann, werden Sie sie aufgeben und Ihre Leute in den Entsatzschiffen zurückbringen, denn unter den gegebenen Umständen können meine Lords nicht zulassen, dass Offiziere und Mannschaften der Königlichen Marine weiter in der Antarktis beschäftigt werden.* Scott ließ, wie schon De Gerlache vor Graham Land, das Eis sprengen und erreichte im letzten Moment offenes Gewässer.

Am 1. April 1904 traf Scott in Lyttelton ein und empfing ein Telegramm der Admiralität: *Die Admiralität gratuliert Ihnen zur glücklichen Rückkehr.* König Edward VII. kabelte: *Ich gratuliere Ihnen und Ihrer tapferen Besatzung zu dem großartigen Erfolg und hoffe, Sie alle bei Ihrer Rückkehr nach England zu sehen.* Am 10. September ging die *Discovery* in Portsmouth vor Anker und Scott wurde zum Schlachtschiffkommandanten der königlichen Marine befördert.

Als Polarreisender hatte er seine beste Zeit hinter sich und glaubte, noch alles vor sich zu haben. Er hatte seine Lebensaufgabe gefunden, jenen unerledigten Rest zu erledigen, einer imaginären Spur im Schnee nachzulaufen. Wie Amundsen den Nordpol, wollte

Scott dessen Antipoden erobern. Dazu fehlten ihm 620 Kilometer. Leichtfertig war er auf diesen Marsch gegangen, ohne ausreichende Erfahrungen mit Schnee und Kälte, der logistischen Vorbereitung eines solchen Gewaltmarsches, dem Umgang mit Hunden und Skiern. Wären die drei über den 82. Grad südlicher Breite hinaus weitermarschiert, wären mit Sicherheit nicht nur Huskys vor abgrundtiefer Erschöpfung, quälendem Hunger und lähmender Kälte gestorben. Scott war vom Pol besessen genug, um an jenem 30. Dezember 1902 über seine Grenzen hinauszugehen, einzig Shackletons Zusammenbruch hatte ihm und Wilson das Leben gerettet.

In London zog sich Scott vorerst aus der Öffentlichkeit in das Anwesen von Sir Clements Markham zurück, um sich der letzten Aufgabe als Leiter der *Discovery*-Expedition zu entledigen. Er schrieb den von ihm geforderten Reisebericht, der unter dem Titel *The Voyage of the Discovery* 1905 erschien und ein großer Erfolg wurde. Jene, die selbst an der Reise teilgenommen hatten, reagierten eher zurückhaltend auf die schriftstellerische Begabung ihres Kommandanten, der Fiktion und Tatsachen geschickt zu verknüpfen wusste. Vor allem Shackleton, der inzwischen eine eigene Südpol-Expedition vorbereitete, las sich als Schwächling beschrieben, doch konnte er durchsetzen, dass Scott manche seiner Ansichten öffentlich korrigieren musste.

So begann der Wettlauf zum Pol als innerbritischer Kampf in den Hinterzimmern der Königlichen Geographischen Gesellschaft. *Ich bin überrascht*, schrieb Scott, als er die Nachricht von Shackletons Plänen erfuhr, *ich weiß nicht genau, aus welchem Grund Shackleton das tut – vielleicht ist es Zufall, doch sieht es so aus, als habe er eine Ahnung von meinen Plänen und beeile sich so, um vor mir im Eis zu sein. Shackleton verdankt mir alles. Ich habe ihn in die Expedition gebracht – ich ließ ihn in die Heimat bringen, damit er gesund würde. Ich tat viel für ihn.* Das Ganze wurde für beide eine Frage der Mannesehre, oder was das noch junge 20. Jahrhundert dafür hielt. Shackleton wollte seine verlorene Ehre wieder herstellen, Scott seine nicht verlieren; jeder wollte der Erste sein, der den Rest zum Pol ablaufen würde. *Ich halte an der Meinung fest, dass die Spielregeln verletzt, wer eine Expedition in den McMurdo-Sund ins Auge fasst, es sei denn, er hat vorher festgestellt, dass ich die Absicht dahinzugehen aufgegeben habe; und ich glaube, dass mir ein noch schärferes Urteil zusteht, wenn es jemand aus dem eigenen Volk ist, der so handelt, ohne mich zu verständigen.* In diese Auseinandersetzung mischte sich auch der dritte Mann ein, Wilson, der Shackleton schrieb, *wenn Sie zum McMurdo-Sund fahren und sogar den Pol dadurch erreichen, wird, so glaube ich, die Leistung nicht gewürdigt werden, weil sehr viele sich nicht von dem Gedanken frei machen können, dass Sie Scott, der auf die Benutzung dieser Basis einen älteren Anspruch hatte, abgedrängt hätten.*

Am Vorabend des Ersten Weltkrieges hatte wie ganz Europa auch England Helden bitter nötig: Helden aber, die die Spielregeln nicht verletzen, heroisch vielleicht bis in den Tod gehen, dabei immer das Fair Play wahren. Shackleton war so einer. Über den Graben zwischen beiden Männer hinweg schrieb er an Scott: *Da Sie die Basis im McMurdo-Sund entdeckten und meine Pläne Ihre eigenen durchkreuzen, baten Sie mich, meine Basis zu ändern. Ich stimmte zu. Ich überlasse Ihnen die Basis im McMurdo-Sund, um entweder an einer Stelle der Einfahrt zur Eisbarriere an Land zu gehen oder bei King Edward VII.-Land, je nachdem, was am Günstigsten ist.* Eine Verzichtserklärung. Steckte dahinter jene Art Sportsgeist, der es beispielsweise Bergsteigern nicht erlaubt, einen von einem anderen angefangenen, nicht aber ausgeführten neuen Weg auf den Gipfel selbst zu durchsteigen? Oder wollte Shackleton seinen erhofften Sieg über Scott nicht dadurch schmälern, dass er ihn in einer vorgegebenen Spur erkämpft? Beide Motive kamen wohl zusammen und die Tatsache, dass hinter dem Ross-Meer die kürzeste Wegstrecke zum Pol auf ihren Bezwinger wartete. Mit der *Nimrod*, einem kleinen neufundländischen Robbenfänger, brach Shackleton am 7. August 1907 in die Antarktis auf. Scott blieb zurück und musste abwarten, welchen Rest ihm Shackleton lassen würde: eine Niederlage oder den Ruhm, als Erster am umkämpften Südpol zu stehen.

Zu diesem Zeitpunkt wurde in Norwegen sein eigentlicher Konkurrent, Roald Amundsen, nachdem er als Erster die Nordwest-Passage mit der *Gjöa* durchfahren hatte, als Polarheld gefeiert. Auch Scott anerkannte neidlos die Leistung Amundsens, dem er sich durch eine Passion verbunden fühlte, die Pole der Erde zu erobern. Der eine den Nordpol, der andere den Südpol.

Amundsen aber ist alles andere als ein Sportsmann britischer Prägung.

4. Der Fehdehandschuh oder Das Ass im Ärmel

Was Menschen in die Polargebiete trieb, war die Macht des Unbekannten über den menschlichen Geist. Sie treibt uns zu den verborgenen Kräften und Geheimnissen der Natur, hinab in die unermesslich kleine mikroskopische Welt und desgleichen hinaus in die unerforschten Weiten des Universums. Sie lässt uns keine Ruhe, bis wir den Planeten, auf dem wir leben, von den tiefsten Tiefen des Ozeans bis zu den höchsten Schichten der Atmosphäre kennen.

Fridtjof Nansen

Wir waren dem magnetischen Pol sehr nahe – sowohl dem alten als auch dem neuen – und sind wahrscheinlich an beiden vorübergekommen. Ein glänzender Erfolg war unser Ausflug allerdings nicht.

Roald Amundsen

Seit der Genueser Christoph Kolumbus 1492 an der Ostküste Mittelamerikas gelandet war, einen neuen, riesigen Kontinent entdeckt hatte, suchten Europas Seeleute nach einer Wasserstraße, um an Amerikas Westküste anzulanden. 1520 entdeckte Magellan El Paso, die Durchfahrt aus dem südlichen Atlantik in den Pazifik. Und weil die Geographen jener Zeit sich die Verteilung von Wasser und Land auf der Erde nicht anders als symmetrisch vorstellen konnten, war jeder davon überzeugt, dass es zur Magellan-Straße eine Entsprechung im Norden der Neuen Welt geben musste. Viele brachen auf, den Seeweg von Norden nach Westen durch das unbekannte arktische Insellabyrinth zu finden, alle wurden von den unwirtlichen Bedingungen des nördlichen Eismeeres aufgehalten.

Als Schüler hatte sich Roald Amundsen für all diese Expeditionsberichte begeistert und John Franklins Schicksal, der mit den Schiffen *Erebus* und *Terror*, samt ihrer 159 Mann starken Besatzung, seit 1845 in der Passage spurlos verschwunden blieb, hatte seine Phantasie erregt. Wie Franklin wollte er in die Polarnacht fahren, leiden wie er, seinen Charakter in unbekanntem Terrain erproben und als Held heimkehren. Die Nordwest-Passage war noch immer nicht gefunden und Amundsen beschloss, seinen Traum in die Tat umzusetzen. Nachdem er das Kapitänspatent erworben hatte, das es ihm erlaubte, ein Schiff auch außerhalb norwegischer Gewässer zu befehligen, ließ er sich von Georg Neumayer, dem Direktor der Deutschen Seewarte Hamburg und Autorität auf dem Gebiet des Erdmagnetismus, die Handhabung verschiedener Geräte und die Berechnungen zur Feststellung der magnetischen Pole erklären. 40 Tage hindurch. Jede Expedition, Amundsen wusste das, braucht einen offiziellen Anlass, einen wissenschaftlichen Grund. Allein das Verlangen eines jungen, noch unbekannten Mannes nach Heldentaten würde nicht ausreichen, genügend Kapital für die Durchführung der geplanten Unternehmung aufzutreiben. Zum Jahrhundertwechsel waren Geophysiker noch unterschiedlicher Meinung darüber, ob die magnetischen Pole der Erde wandern oder an einem Ort fixiert sind. James Clark Ross hatte 1831, auf der Suche nach der Nordwest-Passage, den Magnetischen Nordpol erreicht und vermessen: Würde man seine Messung wiederholen, wäre der Streit entschieden. Neumayer war von Amundsens Plan begeistert. *Legte heute Prof. N. meinen Plan vor, die gegenwärtige Position des Magnetischen Nordpols zu bestimmen. Prof. N. meinte, dass das von großer wissenschaftlicher Bedeutung sein würde.*

Nun musste noch Fridtjof Nansen überzeugt werden, an ihm führte kein Weg vorbei. Wer polare Unternehmungen plante, brauchte die Zustimmung des berühmten Mannes.

Neben den Dichtern Ibsen, Bjørnson, Hamsun, dem Maler Munch und dem Komponisten Grieg war der spätere Friedensnobelpreisträger Nansen der einzige lebende Norweger von internationalem Rang. Seine spektakulären Reisen durch Grönland und die Drift mit der *Fram* hatten ihn weltweit bekannt gemacht, nicht nur in Geographenkreisen. Nansen setzte sich für die Unabhängigkeit Norwegens von Schweden ein und fand als Vertreter eines selbständigen Norwegens im Ausland hohe Anerkennung. Er war einer der Mitbegründer des Völkerbundes, später dessen Hochkommissar für Flüchtlingsfragen. 1918 sprach er sich für die Heimkehr deutscher Kriegsgefangener aus der Sowjetunion aus; der von ihm angeregte Pass des Völkerbundes – der so genannte Nansenpass – für Staatenlose, Emigranten, Flüchtlinge, Armenier, Chaldäer, Saarländer wurde von 31 Staaten anerkannt. Als Amundsen dem Universitätsprofessor seine Aufwartung machte, ehrfurchtsvoll und mit gesteiftem Kragen, konnte er Nansens Aufmerksamkeit durch seine Erfahrungen mit der *Belgica* in der Antarktis erregen. Wusste Amundsen, dass Nansen eine eigene Expedition mit der *Fram* zum Südpol plante? Nansen war von Amundsens Vorhaben ebenso wie zuvor Neumayer angetan und unterstützte den jungen Mann, wo immer er es vermochte.

Aus den Mitteln seiner Erbschaft kaufte sich Amundsen, gegen den Widerstand der Brüder, ein starkes seetaugliches Holzschiff, die Schaluppe *Gjöa*, ließ sie überholen, einen neuen Beschlag gegen das Eis anbringen und mit einem Paraffinmotor ausstatten. Damit war sein Geld ausgegeben, doch weitere Summen waren für eine ausreichende Vorbereitung nötig. Mit einem Hilfsappell wandte sich Nansen an den König von Schweden-Norwegen, Oskar II. *Amundsen flößt Vertrauen ein, er besitzt ungewöhnlich gute Fähigkeiten, sowohl als Organisator wie auch als Leiter einer arktischen Expedition. Sollten Eure Majestät das Unternehmen durch eine Schenkung freundlich unterstützen, wäre damit, so glaube ich, Amundsen doppelt geholfen; denn neben der finanziellen Unterstützung selbst würde das Beispiel Eurer Majestät es verhältnismäßig leicht machen, von wohlhabenden Männern Geld zu bekommen.* Oskar reagierte, aus politischem Kalkül heraus, umgehend mit einer Spende von 10 000 Kronen. Der Schwede wollte das besetzte Norwegen nicht hergeben und Nansen war Sprecher der nationalen Unabhängigkeitsbestrebungen. Als der König gab, gaben auch seine Untertanen; Amundsen konnte seine Mannschaft zusammenstellen und die Vorbereitungen zum Abschluss bringen. Bald erfuhr die Welt seinen Plan: *Ich werde mich im Frühjahr 1903 mit der Gjöa aufmachen. Insgesamt werden wir 7 Mann an Bord sein. Wenn ich einem kleinen Schiff wie diesem den Vorzug gebe, dann geschieht das deshalb, weil die Wasserläufe, die wir benutzen werden, sehr oft seicht und schmal sind. Da heißt es, ein Fahrzeug zu haben, dessen Tiefgang nicht groß ist und das sich gewissermaßen auf dem Fleck manövrieren lässt. Ein unscheinbares Boot, besonders eines, das für den Fischfang gebaut ist, erfordert wenige Leute und ist als Folge davon auch in seiner Ausstattung billiger.*

Es brauchte mehr Zeit, als er dachte, und abermals wurde das Geld knapp. Einige seiner Gläubiger, die der Expedition Kapital vorgeschossen hatten, wollten ihre Einlagen aus dem Unternehmen zurückziehen, schien doch die Suche nach der Nordwest-Passage eher ungewiss. Als Amundsen sich für zahlungsunfähig erklärte, drohten sie, sein Schiff beschlagnahmen zu lassen. In der Nacht zum 17. Juni 1903 lief die *Gjöa* heimlich aus dem Hafen von Christiania aus und als die norwegische Küste hinter dem Horizont zurückfiel, ließ Amundsen eine Flasche Rum kreisen. *Nun, Jungs, sind wir die Gläubiger los. Jetzt kommt es nur darauf an, dass jeder seine Pflicht tut.*

Das ist leicht. Prost und gute Fahrt! Dass der Reeder Olaf Ditlev-Simonsen, ein entfernter Verwandter, ihm noch vor der Abreise mit 10 000 Kronen aus der Verlegenheit geholfen hatte, erzählte er der Crew nicht.

Er war einunddreißig, als er die Westküste Grönlands passierte und in das Insel-Labyrinth Nordkanadas auf der Suche nach der Durchfahrt einfuhr; vierunddreißig, als die *Gjöa* am 20. November 1906 in Norwegens Hauptstadt ebenso stürmisch empfangen wurde wie einst Fridtjof Nansen. Amundsen hatte es geschafft, als Erster die so lange gesuchte Nordwest-Passage zu durchfahren, und wurde als Held eines kleinen Landes gefeiert, das sich eben von der Schwedischen Vormundschaft befreit hatte. Dementsprechend waren Begrüßungsreden gefühlvoll vorgetragen: *Während wir hier zu Hause im politischen Kampf darum standen, jenen Platz zu erlangen, von dem wir meinten, dass er uns in der Gemeinschaft der Staaten gebührt, rang ein armseliger Trupp von Männern an Bord einer winzigen Hardangerjacht hoch oben im ewigen Eis und Schnee um dasselbe Ziel – rang darum, der Welt zu zeigen, dass das norwegische Volk über jene Kultur und Disziplin, über jene Kraft zur Selbstaufopferung verfügt, die allein das Recht geben kann, als ein freies Volk zu existieren.*

Am 26. Oktober 1905 musste Schwedens König Oskar II. sich dem Ergebnis einer Volksabstimmung beugen und die seit 1814 bestehende Personalunion beider Länder aufheben. In einer zweiten Volksabstimmung votierten die nunmehr selbständigen Norweger für eine konstitutionelle Monarchie als künftige Staatsform und setzten den dänischen Prinzen Carl als Haakon VII. auf den Thron. In solcher Zeit politischer Umbrüche nahm das Land Amundsens erfolgreiche Expedition als Personifizierung des nationalen Selbstverständnisses. Nansen, inzwischen zum Botschafter des unabhängigen Norwegen nach England berufen, relativierte vor der Königlichen Geographischen Gesellschaft in London das nationale Hochgefühl seiner Landsleute. Nachdem Amundsen vor dem Gremium die Ergebnisse der Expedition referiert hatte, sagte er: *Wie Kapitän Amundsen bereits hervorgehoben hat, ist es der Vorarbeit britischer Seeleute zu verdanken, dass er diese große Tat vollbringen konnte. Doch ein Norweger wurde der Glückliche, der die Suche nach der Nord-West-Passage abschloss. Ich glaube, wir dürfen sagen, wir gehören der gleichen Rasse an, und wir haben alle das gleiche tapfere Herz. Zeit und*

Schicksal können es schwächen, aber stark ist sein Wille zu streben, zu suchen, zu finden und niemals aufzugeben.

Heroische Taten waren gefragt am Vorabend des Ersten Weltkrieges und gefühlskräftige Vokabeln kamen allen leichthin von den Lippen. Norweger, Deutsche oder Briten sprachen viel von nationaler Ehre und davon, dass die Heimat Männer nötig habe, die sich ihrem Vaterland bis zur Selbstaufopferung zur Verfügung halten. Auch Scott war in diesem Geist erzogen. Später werden er und seine Landsleute diese Vokabeln in den Mund nehmen, um seine in einer Katastrophe endende zweite Südpolexpedition zu heroisieren.

Amundsen dagegen war aus anderem Holz, nur sich selbst gegenüber in der Verantwortung. Wo es nötig war, ließ er seinen Sonntagsausgehanzug gewiss sorgfältiger als üblich bürsten, den Kragen steifen; doch all das konnte sein starkes Selbstwertgefühl nicht verbergen, seine Unabhängigkeit von gesellschaftlichen Spielregeln, die er immer dort zu nutzen verstand, wo sie seinem Willen nicht entgegenstanden. Und wenn es um die Finanzierung seiner Pläne ging, verstand er es glänzend, die Maske des Demütigen zu tragen, Geldgebern zu schmeicheln. Ein Rebell war er darum nicht, ein kühl überlegender Stratege allemal. Die Fahrt durch die Nordwest-Passage wurde sein erstes Meisterstück.

Die besten Leute hatte er angeheuert, Männer mit Erfahrungen im Eismeer, keine Wissenschaftler. Amundsen hatte sich gründlich auf diese Reise vorbereitet, sich Grundkenntnisse in der Geophysik angeeignet, so viel jedenfalls, dass er auf den wissenschaftlichen Anspruch der Expedition pochen und auf Geldgeber hoffen konnte. In Wahrheit war es ihm um die Vermessung des magnetischen Nordpols nur am Rande gegangen; Erfahrungen wollte er sammeln, Überlebensstrategien erproben, die es ihm ermöglichen sollten, als Erster den Nordpol zu erobern. So hatte er die exakte Vermessung des magnetischen Pols eher erleichtert abgebrochen, als sich ihm witterungsbedingt Schwierigkeiten entgegenstellten. *Wir waren dem magnetischen Pol sehr nahe – sowohl dem alten als auch dem neuen – und sind wahrscheinlich an beiden vorübergekommen. Ein glänzender Erfolg war unser Ausflug allerdings nicht.* Statt diese Scharte auszuwetzen, überwinterte er lieber in der Nachbarschaft zu einer Eskimofamilie, die ihn und seine Männer ihre Sitten und Gebräuche, die Fähigkeit des Überlebens in der Polarregion lehrten. *Am Vormittag bauten wir*

Iglus. Innerhalb von drei Stunden hatten wir jeweils zu zweit zwei prächtige Iglus fertig. Uns fehlt die Übung. Wir werden sie uns später aneignen. Das Bauen selbst ist nicht schwierig. Er lernte den Umgang mit Hunden, den Vorteil der Fellbekleidung oder wie man die Kufen eines Schlittens vereist, damit er besser gleitet. Hier, in den nördlichsten Gebieten Nordamerikas, lag Amundsens eigentliche Universität zwischen Eis und Kälte, und seine Lehrmeister waren die Ureinwohner des Landes, Menschen, die damals, jedenfalls für einen Europäer, noch am Rande zur Steinzeit lebten. Amundsen begegnete ihnen freundlich, weil wissbegierig. *Meine besten Wünsche für meine Freunde, die Netschjilli-Eskimos, fasse ich zusammen in dem einen, dass ihnen die Zivilisation niemals nahen möge,* notierte er und versuchte doch, sie gleichsam im Gebrauch von Messer und Gabel zu schulen. Jahre später wird er zwei Tschuktschenmädchen aus ihrem Stammesverband heraus und nach Norwegen mitnehmen. Er wird sagen, dass er sie vor dem Zugrundegehen bewahrt habe; wird sie in eine Schule geben und nach der neuesten Mode kleiden. Er wird mit ihnen spazieren gehen, wie er seine Hunde spazieren führt, und das Gerede der Leute mit bitterem Lächeln quittieren. Eine Zeit lang. Als er wieder in Geldnöten versinkt, schickt er die beiden zurück. Niemand kann sagen, was aus den Mädchen wurde.

Als Amundsen nach erfolgreicher Durchfahrt durch die Passage, die als Seeroute übrigens unbedeutend bleibt, nach Norwegen zurückkehrte, antwortete er auf die Frage eines Reporters nach künftigen Expeditionen: *Das Endziel wird diesmal jedoch nicht dem nördlichen Polarmeere, sondern der unerforschten Eiswüste des antarktischen Kontinents gelten.*

Mehr als 1500 Kilometer war er auf Schneeschuhen oder mit Hundegespannen durch die polare Landschaft gezogen, hatte sein Schiff einfrieren lassen, Iglus bauen gelernt; er fühlte sich stark genug, der Antarktis entgegenzutreten. Den Magnetischen Südpol wollte er entdecken. Ein letztes Training sollte diese Unternehmung werden, ein Vorspiel für das eigentliche, große Ziel: die Eroberung des Nordpols. Kann sein, Amundsen wollte mehr als nur den südlichen Magnetpol, vielleicht den Südpol selbst erobern. Mit Nansen war er sich darin einig, dass das antarktische Gelände eine glatte Laufpiste für den Ski und den grönländischen Hund sein würde.

Damit erhob Amundsen Anspruch auf ein Terrain, auf das andere ein älteres Anrecht zu haben glaubten – die Briten und Fridtjof Nansen. Von Nansen aber wollte er ein Schiff, die *Fram*, von der international hoch angesehenen Geographischen Gesellschaft der Briten gleichsam den Ritterschlag zum Polarforscher. Zudem hatte Ernest Shackleton den Wettlauf zum Südpol schon mit einer Zeitungsanzeige in einer Londoner Tageszeitung eingeleitet. *Männer für gefährliche Reise gesucht – bei kleinem Gehalt, schneidender Kälte, langen Monaten vollständiger Dunkelheit, ständiger Gefahr. Sichere Rückkehr zweifelhaft.*

Über 400 hatten sich gemeldet; 15 hat Shackleton genommen, auch Frank Wild, einen Nachfahren von James Cook. Am 7. August 1907 verließ die kleine Gruppe auf dem ehemaligen Walfangschiff *Nimrod*, nach einem Besuch des englischen Königs an Bord, Cowes zu einer Expedition, die Shackleton mit 20 000 Pfund aus privaten Mitteln finanzieren konnte, aus Vorschüssen von Zeitungen und Buchverlagen, die seine Berichte abdrucken wollten, und einem Bankkredit. Amundsen, der die Vorbereitungen der Shackleton-Expedition aufmerksam verfolgt hatte, sah sich um eine halbe Chance, als Erster am Südpol zu stehen, ärmer. Wie Scott waren ihm vorerst die Hände gebunden, wie der Brite musste der Norweger den Ausgang der *Nimrod*-Reise abwarten. Dass Shackleton den Pol mit neun Schlittenhunden und einer Hand voll sibirischer Ponys erreichen würde, hielt er für eher unwahrscheinlich, zumal die Briten keine Skiläufer waren. Sorgen dagegen bereitete ihm Shackletons Spezialauto, das für den Schnee gut geeignet sein sollte und die Kraft der Männer schonte. Dass es nicht funktionierte, konnte er nur hoffen, wissen konnte er es vorerst nicht. Würde Shackleton den Südpol erreichen, bliebe ihm die andere Seite der Erde, der Nordpol. Würde Shackleton scheitern, müsste Amundsen seine Vorbereitungen abgeschlossen haben, um noch vor der nächsten großen britischen Expedition an Ort und Stelle zu sein, die unter Scotts Kommando wohl 1910 in die Antarktis auslaufen sollte. So viel wusste er, denn die Königliche Geographische Gesellschaft in London machte aus ihren Plänen kein Geheimnis.

Ob Nordpol oder Südpol, all seine Pläne scheiterten vorerst an der einfachen Tatsache, dass er zum Angriff auf die Pole kein Schiff besaß. Die *Gjöa*, für die er sein Privatvermögen verwendet und Kredite aufgenommen hatte, taugte nicht für eine solche Fahrt. Immerhin konnte er die während seiner dreijährigen Reise aufgelaufenen Verbindlichkeiten ausgleichen, aus der Veröffentlichung des Reiseberichtes – Die Nordwest-Passage – und aus zahlreichen Beiträgen für Harper's Monthly Magazine in New York nicht unbeträchtliche Einnahmen verbuchen. Für eine neue Expedition allerdings reichten sie nicht aus. Auch eine Vortragsreise quer durch Westeuropa, mit handkolorierten Lichtbildern im Gepäck, machte Amundsen populär, nicht aber reicher. In London sprach er vor der Royal Geographical Society, in Paris vor der Société de Géographie, in Berlin vor der Gesellschaft für Erdkunde, in Gegenwart Kaiser Wilhelms II. Wo er auftrat, wurde er als Bezwinger der Nordwest-Durchfahrt gefeiert; Freunde dagegen gewann der hoch aufgeschossene, drahtige Norweger, den Europas Presse gern den *letzten Wikinger* nannte, nicht. Anerkennung ja, Gold- und Silbermedaillen, Ehrenmitgliedschaften, nicht aber Freunde; zu kühl war sein Blick, zu selbstverliebt sein Auftreten. Amundsen erfuhr zum ersten Mal, dass Popularität einen Preis hat – Einsamkeit. Noch zahlte er ihn bedenkenlos.

Doch ein Haus aus Holz hat er sich 1908 kaufen können – Uranienborg am Bunnefjord. Er dekorierte es mit Erinnerungen. Auf Glastüren und einzelne Oberlichter ließ er transparente Fotografien aufziehen, Szenen seiner Nordwest-Reise. Da hatte er alles und alle zusammen, seine Eskimofreunde und die Mannschaft, Freundschaften und glückliche Tage in der Kälte. Uranienborg war ein gutes Haus für einen einsamen Mann, groß und stark gebaut, dessen Zimmer er wie Schiffskabinen herrichten ließ. Eine Zuflucht an Land, in die er sich sein früheres Kindermädchen, Betty, als Haushälterin holte. Hier blieb er, was er auf See und im Eis immer war: der Chef – unerbittlich im Wollen, hysterisch im Nichterreichen.

Häuser spiegeln die Persönlichkeit ihrer Besitzer. Fridtjof Nansens hohes, abweisendes Herrenhaus Polarhöhe thronte wie eine Burg über dichtem Wald auf einem Berg. Vom Turm des Gebäudes war der Blick auf den Christiania-Fjord überwältigend. Polarhöhe war als steinernes Gleichnis der Legende des Hausherren gebaut, aristokratisch und mit kräftigen Fundamenten in norwegischer Erde. Nansen, immer wieder Nansen, das Symbol nationalen Selbstbewusstseins. Nur einem gegenüber hatte Roald Amundsen davon gesprochen, dass er aus dem mächtigen Schatten Nansens heraustreten und erreichen wollte, was sein Vorbild nicht erreicht hatte. Und

Leon, der Bruder, hatte alles verstanden. Damals, als sie ihre Wintertour durch die Berge machten, sprach Roald vom Nordpol. 1906, als er aus seiner ersten großen Bewährung zurückkehrte, dachte er an die Antarktis und an die *Fram*, die er von Nansen haben wollte, um zur großen Tat aufzubrechen. Durfte er sagen, was er dachte? Shackleton war dorthin aufgebrochen, wo er selbst sein wollte, und Nansen, so viel wusste Amundsen, spielte noch immer mit dem Gedanken, selbst den Südpol zu erobern. Sie hatten darüber gesprochen, als Nansen sich über die *Belgica*-Expedition berichten ließ und Amundsen aufmerksam zuhörte. Die Antarktis sei wie der Grönländische Eisschild flach, von exzellenten Skiläufern eher leicht zu erobern, nicht zerrissen wie das nördliche Packeis, hatte Nansen gesagt und sich selbst gemeint. Amundsen wusste, dass er inzwischen besser als Nansen war, sowohl auf Skiern als auch mit dem Hundeschlitten. Nansen aber würde ihm die *Fram* nicht geben, jedenfalls nicht für eine Überfahrt zur Antarktis, wollte er doch die eigene Lebenslinie mit der Eroberung des Südpols krönen. Dennoch bat er den elf Jahre älteren um das Schiff, mit dem er, Nansens Driftreise wiederholend, zum Nordpol vorstoßen wollte. So jedenfalls sagte er es Nansen und der wollte es sich überlegen. *Es mag Ihnen aufdringlich erscheinen, doch Sie werden die Frage entschuldigen, da Sie wissen, wie sehr mich die Sache interessiert. Haben Sie bereits eine Entscheidung getroffen bezüglich der Fahrt, über die wir sprachen, als ich im Februar in London war? Ich würde mich Ihnen lieber anschließen und könnte Ihnen nützlich sein; doch wenn Sie Ihre Pläne nicht in die Tat umsetzen können, würde ich sehr gern an meinem Plan festhalten, genauer gesagt, an Ihrem ursprünglichen Plan, nämlich vor Herbst durch die Beringstraße und über den Pol zu fahren.*

Weil ihm die politischen Dienste für Norwegen für eine andere Entscheidung keinen Spielraum ließen, übergab Fridtjof Nansen dem Jüngeren das Schiff. *Wenn ich zunächst meine Expedition durchgeführt und Ihnen danach die Fram überlassen hätte, wäre, wie ich Ihnen damals sagte, Ihre Fahrt zu lange hinausgeschoben worden. Und dann, dachte ich letzten Endes, würde Ihre Fahrt über das Nördliche Polarmeer von größerer wissenschaftlicher Bedeutung sein als meine Entdeckung des Südpols und als die Vermessungen, die ich dort hätte durchführen können, und die genauso gut jemand anders würde machen können. Und so gab ich blutenden Herzens den Plan auf, den ich*

7 Roald Amundsen (1909): *Ich will auf das bestimmteste erklären, dass dieses – der Sturmlauf gegen den Pol – nicht das Ziel dieser Expedition sein wird. Der Hauptzweck ist ein wissenschaftliches Studium.*

8 Die Eroberer des Südpols bei ihrer Ankunft in Hobart (Tasmanien) an Bord der »Fram« (März 1912).

9 Amundsen in Polarausrüstung: *Meine besten Wünsche für meine Freunde, die Netschjilli-Eskimos, fasse ich zusammen in dem einen, dass ihnen die Zivilisation niemals nahen möge.*

so lange gehegt hatte und der mein Lebenswerk gekrönt hätte. Ich tat das zugunsten Ihrer Fahrt, das schien mir richtiger zu sein und Norwegen größeren Gewinn zu bringen. Sie waren jünger und hatten ein großes Lebenswerk noch vor sich, während ich mir auch andere Aufgaben suchen konnte. Ja, so war es; doch was es mich kostete, mich von meinen lang gehegten Plänen, die in mir Wurzeln geschlagen hatten, loszureißen, habe ich später erst gemerkt, obwohl ich Sie das, wie ich hoffe, niemals habe spüren lassen.

Nansen hatte sich gegen seine Träume entschieden und, Ibsen hat es gesagt, gegen seine Lebenslüge, den Südpol für sich erobern zu können. Dachte Amundsen wirklich daran, die *Fram* durch das nördliche Packeis und über den Nordpol zu steuern? Am 10. November 1908, Norwegens König war anwesend, das Diplomatische Corps zahlreich vertreten, erläuterte Amundsen seine Pläne.

Ich möchte Anfang 1910 mit der Fram auslaufen, und zwar ausgerüstet für 7 Jahre und mit einer guten Mannschaft. Ich werde Kurs um Kap Horn nach San Francisco nehmen, dort Kohle und Proviant einlagern. Von da geht es nach Point Barrow, der nördlichsten Gebirgsspitze Amerikas, von wo wir die letzten Nachrichten in die Heimat schicken, ehe wir zur eigentlichen Reise auslaufen. Ich will Point Barrow mit einer möglichst kleinen Mannschaft verlassen. Wir werden Kurs halten in Richtung Nord-Nordwest und den günstigsten Ausgangspunkt für einen Vorstoß nach Norden suchen. Wenn wir den gefunden haben, werden wir versuchen, so weit wie möglich zu kommen, und uns auf eine 4 bis 5 Jahre lange Fahrt im eingefrorenen Schiff über das Polarmeer einrichten ... sobald das Schiff im Eis festliegt, beginnen die Forschungen, die einige bis jetzt unerforschte Geheimnisse aufklären sollen.

Und niemand fragte, warum er die *Fram* um Amerika herumsteuern musste, um in das nördliche Eismeer einzulaufen. Die Route vom norwegischen Nordkap ostwärts in die Beringstraße war doch oft befahren und relativ gut kartographiert. Niemand fragte, warum der Bezwinger der Nordwest-Passage die Nordost-Passage meiden wollte. Amundsen, indem er die *Fram* erhielt, setzte auf Zeit. 1910 wollte Shackleton aus der Antarktis nach England zurückgekehrt sein und früher konnte Scott seine Expedition in den südlichen Kontinent nicht starten. Noch am Kap Horn, Amerikas südlichster Landspitze, konnte er entscheiden, wohin er das Schiff steuern würde – weiter südwärts oder den halben Erdkreis zurück nach Norden. Er betrog sie alle, auch Nansen, der glühende Worte über den Sinn der Polarforschung fand.

Was Menschen in die Polargebiete trieb, war die Macht des Unbekannten über den menschlichen Geist. Wie Vorstellungen sich im Laufe der Zeiten geklärt haben, so hat diese Macht ihre Herrschaft ausgedehnt und den Menschen, ob er wollte oder nicht, auf dem Weg des Fortschritts weitergetrieben. Sie treibt uns zu den verborgenen Kräften und Geheimnissen der Natur, hinab in die unermesslich kleine mikroskopische Welt und desgleichen hinaus in die unerforschten Weiten des Universums ... Sie lässt uns keine Ruhe, bis wir den Planeten, auf dem wir leben, von den tiefsten Tiefen des Ozeans bis zu den höchsten Schichten der Atmosphäre kennen. Diese Macht läuft wie ein roter Faden durch die ganze Geschichte der Polarforschung. Trotz aller Erklärungen über den möglichen Nutzen für dieses oder jenes Gebiet hat diese Nacht in unserem Innern uns immer wieder zu sich selbst zurückgeführt, ungeachtet aller Rückschläge und Leiden.

Amundsen hatte einen Fehdehandschuh auf das Polareis geworfen, noch wusste niemand, wem er zugedacht war. Vielleicht wusste es nicht einmal Amundsen selbst. Zum rechten Augenblick aber würde er es wissen und doch verschweigen. Wie ein Falschspieler wird er eine Trumpfkarte aus dem Ärmel ziehen und das Spiel an sich reißen.

5. Spiel mit verdeckten Karten

Solange Engländer solche Taten vollbringen, brauchen wir bei Nacht nicht
wach zu liegen aus Furcht vor einem
feindlichen Vorstoß der Jungs der
Dachshunderasse.

Daily Telegraph, Juni 1909

Das englische Volk hat mit Shackleton in der Antarktis-Forschung einen
Sieg errungen, der niemals übertroffen werden kann. Was Nansen im
Norden, ist Shackleton im Süden.

Roald Amundsen

Am 14. Juni 1909 kehrte Shackleton aus der Antarktis nach London zurück, keinen Augenblick zu spät, denn das Land brauchte Männer wie ihn. Stürmisch wurde er empfangen und vom König sogleich in den Adelsstand erhoben. Aus Uranienborg telegrafierte Amundsen an die Königliche Geographische Gesellschaft: *Ich muss Ihnen zu der großartigen Leistung meinen Glückwunsch aussprechen. Das englische Volk hat mit Shackleton in der Antarktis-Forschung einen Sieg errungen, der niemals übertroffen werden kann. Was Nansen im Norden, ist Shackleton im Süden.* Er hatte also Recht behalten. Der Engländer musste seinen Vorstoß zum Pol rund 175 Kilometer vor dem Ziel aufgeben. Später erklärte Shackleton es seiner Frau – *ich dachte, dir wäre ein lebender Esel lieber als ein toter Löwe.*

Shackletons Expedition hatte mehr als nur den am weitesten südlich gelegenen Punkt erreicht. Als Erste stand sie am Magnetischen Südpol, als Erste hatte sie den Mount Erebus, den Vulkan am McMurdo-Sund bestiegen. Shackleton hatte bewiesen, dass der Südpol auf einem Eiskap lag, dem Grönländischen Eisschild vergleichbar, auch Wege auf die Höhe hinauf hatte er vorgezeichnet, über einen mehr als hundert Meilen langen Gletscher, den er Beardmore nannte, zu Ehren seines Wohltäters. England, die größte Macht der Erde, doch arg bedrängt vom ehrgeizig aufstrebenden kaiserlichen Deutschland und von sozialen Unruhen gebeutelt, hatte einen neuen Helden, selbstsicher, lebendig und patriotisch gesonnen. *Ich stehe stellvertretend für 400 Millionen britischer Untertanen*, hatte Shackleton gesagt. Die Leitartikler des *Daily Telegraph* und der

Sphere kommentierten mit Blick auf Deutschland: *In unserer Zeit, die von dem leeren Geschwätz über die Dekadenz unserer Rasse beherrscht wird, hat er dem alten Ruhm unserer Art neuen Glanz verliehen. Solange Engländer solche Taten vollbringen, brauchen wir bei Nacht nicht wach zu liegen aus Furcht vor einem feindlichen Vorstoß der Jungs der Dachshunderasse.* Den Südpol hatte Shackleton nicht erobert, aber England aufgewühlt, den seltsam magischen Ort in das öffentliche Bewusstsein der Briten zurückgeholt. Scott sah darin eine Herausforderung und zugleich seine Chance, für einen Vorstoß zum Pol die notwendige Unterstützung zu bekommen. Gewiss, entgegen vorheriger Absprachen hatte Shackleton seinen Marsch vom McMurdo-Sund aus begonnen, doch war Scott klug genug, sich mit ihm darüber nicht anzulegen, zumal die Königliche Geographische Gesellschaft wenig Neigung zeigte, in diesem Streit auch Partei zu ergreifen. *Scott würde einen großen Fehler machen,* heißt es in einem Schreiben der Gesellschaft, *wenn er versuchte, mit Shackleton in Wettstreit zu treten ... das heißt, mit Shackleton zu konkurrieren und eine Expedition zu organisieren, die wieder den alten Weg geht, bloß um jene 97 Meilen zu schaffen. Der Rat der Königlichen Geographischen Gesellschaft ist der Meinung, die Gesellschaft sollte nicht nur neutral bleiben, sondern sich dagegen aussprechen. Wenn Scott unbedingt eine weitere Antarktis-Expedition leiten will, soll er das tun, aber diese Expedition sollte wissenschaftlichen Charakter haben.*

Scott musste taktieren, sich Fürsprecher suchen. Seine Obsession, *jene 97 Meilen zu schaffen,* hielt er hinter dem Lächeln auf seinem Gesicht ebenso zurück wie seinen Unwillen über den Mann, der ihm den Südpol fast gestohlen hätte. Er übernahm gar den Vorsitz bei einem Essen zu Ehren Shackletons im Londoner Savage Club, um unter dem Beifall der Anwesenden seine eigene Suche nach dem Pol offiziell anzukündigen. *Was mir jetzt zu tun bleibt, ist, Mr. Shackleton dafür zu danken, dass er so nobel den Weg gewiesen hat.* Ein persönliches Wort haben beide nicht mehr miteinander gewechselt; man ging sich aus dem Weg.

Wie Scott hatte auch Amundsen Probleme, seine Polarexpedition zusammenzustellen. Einmal mehr ging es um die Finanzierung des geplanten Unternehmens. Norwegens König Haakon VII. stellte einen Tag, nachdem Amundsen in Christiania offiziell seinen Vorstoß zum Nordpol angekündigt hatte, 30 000 Kronen zur Verfügung, woraufhin kurz entschlossen sich weitere Geldgeber an der Unternehmung beteiligen wollten. Amundsen quittierte solche Spendenfreudigkeit eher lapidar. *Es ist einfach rührend, wie die Leute ihre Begeisterung für das große nationale Unternehmen zeigen.* Anfang 1909 jedoch, kaum ein Viertel des benötigten Kapitals war zusammengebracht, verebbte die Spendenbereitschaft. *Man denkt hier sehr mittelmäßig und engstirnig, und unverhältnismäßig harte Arbeit ist nötig, um die notwendigen Mittel zusammenzutrommeln*, resümierte Amundsen.

Die *Fram* war Staatseigentum und lag im Marinehafen von Horten am Christiania-Fjord. Zwar hatte Nansen seinen Anspruch auf das Schiff an Amundsen abgetreten, doch musste beim norwegischen Parlament, dem Storting, die Überlassung der *Fram* formell beantragt werden. Im Januar 1909 reichte Amundsen den entsprechenden Antrag ein, zugleich mit der Bitte, ihm für die Instandsetzung des Schiffs 75 000 Kronen zu bewilligen. Das Storting zögerte die entsprechende Debatte längere Zeit hinaus, währenddessen sich Nansen mit einem Appell an die Öffentlichkeit wandte. Amundsens Expedition sei für Norwegen von so großer Bedeutung, *dass keine Mühe gescheut werden darf, sie durchzuführen. Es ist klar, dass es gerade für ein kleines Volk wichtig ist, sich zusammenzutun, um, wo sich eine Gelegenheit dazu bietet, kulturelle Aufgaben zu lösen, vor allem auf Gebieten, auf denen es besonders begabt ist. Hier stehen die kleinen Völker auf einer Stufe mit den großen. Wenn sie auf den Gebieten der Forschung, der Kunst oder Naturwissenschaft große Anstrengungen unternehmen, bekunden sie ihr Recht als unabhängige Nation und ihre Bedeutung für die Weltkultur. Jeder Versuch dieser Art, ob klein oder groß, ist ein Beitrag zur Stärkung des Selbstvertrauens im Inland und zur Anerkennung im Ausland.*

Amundsen selbst reiste nach London, um an Ort und Stelle seine Pläne zu erläutern, die er zuvor der Königlichen Geographischen Gesellschaft schriftlich schon mitgeteilt hatte. *Ich wäre der Königlichen Geographischen Gesellschaft sehr zu Dank verpflichtet, wenn sie mich über ihre Meinungen und Ansichten zu meiner geplanten Arktis-Expedition informierte. Mein Antrag an das norwegische Parlament um Überlassung der Fram wird in den ersten Tagen des Monats Januar diskutiert, und es wäre sehr wichtig und interessant, vorher eine Stellungnahme in Händen zu haben.*

Sir Clements Markham gratulierte dem Norweger zu dessen Vortrag, sichtlich erleichtert, dass dieser seine Ziele auf der nördlichen Halbkugel der Erde abgesteckt hatte. *Ich begrüße den Entschluss meines Freundes Amundsen, in den Fußstapfen Nansens weiter zu gehen. Dass es ein sehr gefahrvolles Unternehmen werden wird, ist nicht zu verhehlen. Wie das Unternehmen Nansens ist dies hier ein großartiger Plan und des Mannes würdig, der als Erster die Nordwest-Passage fuhr.* Danach wurde Amundsen von Edward VII. empfangen. *Es lief sehr gut, der König war überaus interessiert und stellte viele Fragen.* Mit der Empfehlung des englischen Königs, dessen jüngste Tochter Maud seit 1896 Haakon VII. vermählt war, kehrte Amundsen rechtzeitig nach Christiania zurück, um an der Storting-Debatte teilzunehmen. Es ging hoch her im norwegischen Parlament, die Abgeordneten schlugen sich die Argumente um die Ohren. Amundsens Anhänger argumentierten aus dem Überschwang ihres Nationalgefühls. *Sollen wir wirklich zulassen, dass die Königliche Geographische Gesellschaft da drüben über uns sagen kann: Großer Gott, ist das norwegische Volk so arm, dass es für ein solches Unternehmen nicht einmal 75 000 Kronen bereitstellen kann?* Und auch die Contra-Partei, die sozialdemokratischen Abgeordneten, sorgten sich um das internationale Ansehen ihres Landes. *Wenn in Europa bekannt würde, dass wir für Amundsens Polar-Expedition 75 000 Kronen bewilligt haben, während gleichzeitig bekannt ist, dass wir unsere Volksschullehrer hungern lassen, würde das kaum für uns sprechen.* Nach langer Debatte votierten gut siebzig Prozent der Parlamentarier für Amundsens Antrag; zweifellos hat der englische Zuspruch den Ausgang dieser Entscheidung beeinflusst.

Damit waren die Würfel gefallen, hatte sich Norwegen zu Amundsen und seinem Expeditionsziel, dem Nordpol, auch offiziell bekannt. Die *Fram* wurde auf Kiel gelegt, generalüberholt, ihr Takelwerk vergrößert, und mit einem neuen Dieselmotor ausgerüstet. Amundsen war erleichtert und fand neben den intensiv betriebenen Expeditionsvorbereitungen noch Zeit, sich in eine Liebesaffäre mit Sigrid Castberg, der Frau des Rechtsanwalts Leif Castberg, zu stürzen. Von Scheidung wurde gesprochen und davon, dass Sigrid sich Amundsen vermähle.

Wie Scott hatte auch Amundsen große Schwierigkeiten, eine echte Beziehung zum anderen Geschlecht einzugehen. Amundsens

Charakter ließ nur eine Liebe zu, die Liebe zu sich selbst. Er suchte Bestätigung, eine bedingungslose Anerkennung, Verständnis und Einfühlung, ohne dass er selbst in der Lage gewesen wäre, was er suchte auch dem Partner zu geben. Die Muster sind ihm fest eingeprägt und die Abläufe wiederholen sich, später in England, noch später in Amerika. Immer begehrt er verheiratete Frauen, deren Männer er kennt. Immer verlangt er eine sofortige und bedingungslose Entscheidung für sein Gefühl, sein Begehren. Zögert die Umworbene, kühlt seine Begeisterung rasch ab, ohne dass er es ihr mitteilen würde. Amundsen fürchtet den Skandal, wie er die Rachegelüste verschmähter Frauen fürchtet. Als sich eine Ehefrau gegen den Gatten und für ein Leben mit Amundsen entscheidet, sich nach langem Scheidungsprozess für ihn frei fühlt, auf einem Passagierschiff die Überfahrt von Amerika nach Norwegen schon antritt, kabelt Amundsen eine knappe Entschuldigung. Er sei schon wieder in polaren Regionen unterwegs, könne sie daher nicht empfangen. Sigrid Castberg erwägt nicht wirklich die Trennung von ihrem Mann, angesichts der kommenden sieben Jahre, die Amundsen auf der *Fram* im Eis festgefroren und von ihr weit entfernt leben wird. Sie lebt mit Amundsen eine Affäre, die beide ein, zwei Monate glücklich macht. Sigrid Castberg hat ein Gespür für diesen Mann, der mit Flugdrachen zum Transport von Mensch und Lasten experimentiert und im Garten seines Anwesens Uranienborg ein zerlegbares Holzhaus zimmern lässt. Ob er das Haus, das von demselben Schreiner gefertigt wird, der schon Uranienborg runderneuerte, und um das er so geheimnisvoll tut, auf dem treibenden Eis der Arktis aufschlagen wolle, fragt sie nicht. Niemand fragt danach. Auch manch andere Ungereimtheiten seines Verhaltens sind ihr nicht wichtig; wichtig allein sind ihre eifrig vor den bigotten Hauptstädtern geheim gehaltenen Stunden im Grand Hotel von Christiania. In London steuerte unterdessen Scott, bevor er offiziell zum Leiter einer neuen englischen Antarktisexpedition berufen wurde, in den Hafen der Ehe.

Bereits 1906 hatte Scott Kathleen Bruce kennen gelernt, eine schottische Pfarrerstochter, die Bildhauerei studiert, im Balkankrieg als Krankenschwester gearbeitet hatte und auch sonst viel in Europa herumgekommen war, die Tänzerin Isadora Duncan ebenso kannte wie die Schriftstellerin Gertrude Stein, wie Picasso und Rodin. Man begegnete sich auf einer der üblichen Londoner Künstlerpartys, auf denen Scott, von seiner Schwester Mabel eingeführt, eine gute Figur machte. Kathleen Bruce erinnerte sich später an ihre erste Begegnung. *Er stand über mir, war mittelgroß, breitschultrig und hatte sehr schmale Hüften, sein stumpfes Haar begann sich zu lichten, er hatte ein seltenes Lächeln, dazu Augen von ganz ungewöhnlich dunklem Blau, fast purpurn. Er bot sich an, mich nach Hause zu begleiten.*

Seiner äußeren Erscheinung nach mochte man Scott für einen Frauenhelden halten, doch war er alles andere, ein eher schüchterner Mann, der kluge, starke Frauen lieber aus der Entfernung bewunderte. Noch immer wohnte er bei seiner Mutter, die die lebenshungrige Kathleen für das nahm, was sie war: eine Rivalin. Mrs. Scott missbilligte die Verbindung entschieden, dachte sie sich doch für ihren Sohn eine Heirat nach Stand und Geld. Mit Kathleen wollte Scott sich vom mütterlichen Einfluss befreien, sich endlich auf eigene Füße stellen. Er schrieb Liebesbriefe. *Meine Persönlichkeit ist neben der Deinen nur unbedeutend; sie kann andere weder begeistern noch befriedigen, vermag aber durch ihre Beharrlichkeit die Oberhand zu gewinnen.* Bald sah es nach einer Hochzeit aus. *Ich brauche jemand, an dem ich mich festhalte,* schrieb er seiner künftigen Ehefrau, die in ihm den heroischen Polarforscher bewunderte. Man heiratete am 2. September 1908 in der Königlichen Kapelle von Hampton Court, brach zu einer einwöchigen Hochzeitsreise in die Nähe von Le Havre auf und richtete sich nach der Heimkehr unweit der Admiralität eine Wohnung ein, Buckingham Palace Road 174. Danach nahm Scott wieder seinen Dienst als Kapitän auf dem Schlachtschiff *S. M. S. Bulwark* auf. *Du musst zum Südpol. Mein Gott, was nützt dir alle Energie und Tatkraft, wenn du noch nicht einmal das schaffst. Es muss zu schaffen sein. Also, beeil dich und lass nichts unversucht.* Scott hatte den Ehrgeiz einer Frau geheiratet, der ihm über die eigene Zögerlichkeit, einen Hang zur Resignation hinweghalf, angesichts sich häufender Auseinandersetzungen über seine Führungsfähigkeit. Ein Bericht über die wissenschaftlichen Ergebnisse seiner *Discovery*-Expedition war erschienen, der Scott schwerwiegende Fehler vorwarf, insbesondere in der Durchführung des meteorologischen Forschungsprogramms. Ein gefundenes Fressen für die Presse. *Anstatt die meteorologischen Beobachtungen von Fachleuten durchführen zu lassen, wurden sie Offizieren anvertraut, die darin nicht ausgebildet waren und noch nicht einmal ausreichend angeleitet wurden. Wie lange müssen wir in England noch darauf warten, dass Männer, denen nationale Aufgaben anvertraut sind, Forderungen wissenschaftlicher Forschung ein klein bisschen ernster nehmen? Vielleicht so lange, bis die ständigen Pannen und Verluste, die uns durch Ignoranz widerfahren, durch eine oder mehrere spektakuläre Katastrophen noch offenkundiger werden.*

Zum Jahresende wurde Scott zum Marine-Assistenten des Zweiten Seelords, Admiral Sir Francis Bridgeman, ernannt, damit nach London zurückbeordert. Er zögerte, doch seine Frau entschied für ihn ... *es gibt keine ernsthaften Gründe dagegen. Um die Expedition zu betreiben, ist es wichtig, dass du an Ort und Stelle bist.* Zudem hatte Kathleen Scott Sir Edgar Speyer, einen Bankier der Londoner City, überzeugen können, die Expedition ihres Mannes, falls sie zustande kommen sollte, mit entsprechenden Geldmitteln zu unterstützen. Scott nahm die Berufung an, zumal ihn Anfang des neuen Jahres ein Telegramm überraschte. *Wirf deine Mütze in die Luft, rufe, singe, triumphiere!* Kathleen Scott war schwanger. Nunmehr unternahm Scott erste ernsthafte Schritte zur Vorbereitung seiner Rückkehr auf den weißen Kontinent.

Die *Discovery* war an die Hudson Bay Company verkauft worden und stand nicht mehr zur Verfügung. Also bemühte er sich um die *Terra Nova* und um den offiziellen Auftrag der Königlichen Geographischen Gesellschaft, das Schiff mit einem Expeditionscorps in das Ross-Meer zu steuern. Die Zustimmung kam überraschend schnell und war gewiss von der sensationellen Meldung beeinflusst, dass der Amerikaner Robert Edwin Peary am 6. September 1909 den Nordpol erreicht hatte. Der Südpol rückte in den Blickpunkt der Öffentlichkeit. Ihn als Erster zu erobern war nicht mehr viel Zeit, bereiteten doch auch Japaner und Deutsche Expeditionen in die Antarktis vor. Am 13. September 1909 wurde die britische Polreise unter dem Kommando des Kapitäns zur See, Robert Falcon Scott, in der *Times* und der *Daily Mail* offiziell der Welt verkündet; einen Tag später gebar Mrs. Kathleen Scott einen Sohn, den die Eltern auf den Namen Peter Markham taufen ließen.

Die Nachricht von der Eroberung des nördlichen Pols hatte auch Norwegen erreicht und die Bereitschaft, Geld und Material in Amundsens Polarfahrt zu investieren, spürbar gebremst. Einzelne

Unternehmen widerriefen die Zusagen auf kostenlose Lieferungen, Kapitalgeber forderten Kredite und Zuschüsse zurück, selbst Lord Northcliffe, der für 5000 Pfund sich die Rechte auf die Berichterstattung des Polarunternehmens gesichert hatte. Das Rennen zum Pol war entschieden. Amundsen saß auf einem Defizit von etwa 150 000 Kronen. Er bat die Regierung um weitere 25 000 Kronen; das Storting jedoch lehnte seine Forderung ab. Dabei hatte er den rein wissenschaftlichen Charakter des Unternehmens nochmals ausdrücklich betont. *Es gibt viele Menschen, welche glauben, dass eine Polarexpedition nur unnützer Verlust an Geld und Leben ist. Mit dem Begriff Polarexpedition verbinden sie in der Regel einen Gedanken an einen Rekord, zum Polpunkt oder am weitesten gegen Norden zu kommen. Ich will auf das bestimmteste erklären, dass dieses – der Sturmlauf gegen den Pol – nicht das Ziel dieser Expedition sein wird. Der Hauptzweck ist ein wissenschaftliches Studium des Polarmeeres selbst oder genauer eine Untersuchung der Bodenverhältnisse und der ozeanographischen Verhältnisse dieses großen Beckens.* Dass es ihm weniger um die Bodenverhältnisse des Nordmeeres ging als um die Eroberung des Pols, behielt er für sich. Und wieder, wie schon in der Vorbereitungsphase zur Fahrt durch die Nordwest-Passage, steckte er eigenes Geld, das er nicht hatte, in die Expedition. Er belastete sein Haus mit einer Hypothek von 25 000 Kronen und nahm bedenkenlos Kredite auf, wo immer er sie haben konnte. Wenn er als Held nach Norwegen zurückkäme, würde sich der Schuldenberg schon abtragen lassen. Um den Rücken für die ihm wesentlichen Dinge frei zu haben, übertrug er die Geschäftsführung der gesamten Expedition seinem Bruder Leon. Ihn zuerst musste er damit in das eigentliche Ziel der Reise eingeweiht haben, von der die Öffentlichkeit noch immer annahm, dass sie ins nördliche Polareis führen würde.

Im Herbst 1909, als die Nachrichten von der Eroberung des Nordpols durch den Amerikaner Peary sich überschlugen, meldete sich ein weiterer Amerikaner zu Wort, der schon vor Peary den Nordpol erreicht haben wollte: Frederick Cook, Amundsens Gefährte auf der *Belgica*. Von Reportern befragt, wen er für einen Lügner halte, oder ob tatsächlich beide den Pol erreicht haben könnten, antwortete Amundsen der *New York Times* eher kühl: *Es ist müßig, darüber zu spekulieren, an welchen Punkten die beiden Forscher angekommen sind.*

Es ist unwichtig, ob der genaue mathematische Pol erreicht wurde oder nicht; wichtig ist aber, dass an jener Stelle die geographischen Verhältnisse erforscht wurden. Wahrscheinlich muss noch weiter geforscht werden und damit werden wir alle vollauf beschäftigt sein.

Dass er nicht der Mann sein wird, der die geographischen Verhältnisse weiter erforschen würde, sagte er nicht und zog sich nach Uranienborg zurück, um die Reise der *Fram* in aller Stille vorzubereiten. *Ich erlaube mir, was ich brauche, hier aufzulisten: 50 Hunde, 14 komplette Eskimo-Anzüge aus Seehundfell, 20 präparierte Seehundfelle zum Flicken der Anzüge, 20 Hundepeitschen. Bei den Hunden ist es sehr wichtig, dass ich die bestmöglichen bekomme.* Der ersten Bestellung bei dem Ausrüster Daugaard-Jensen in Kopenhagen schickte er telegraphisch eine zweite hinterher, um die Anzahl der benötigten Hunde zu verdoppeln, und eine Ermahnung. *Wenn Sie weitere Bestellungen für Hunde bekommen, werden Sie, so hoffe ich, daran denken, dass ich der Erste war.* Amundsen fürchtete, auch Scott würde in Kopenhagen Hunde einkaufen, und da die Dänische Regierung den Export Grönländischer Schlittenhunde stark eingeschränkt hatte, müsste er sich dann das Kontingent mit seinem Rivalen teilen. Eine unbegründete Furcht, hielten doch die Briten an ihrer Tradition fest – wenn Hunde, dann Hunde aus Sibirien. Daugaard-Jensen wählte hundert der besten Grönlandhunde für Amundsen aus, warum der Norweger sie zweimal der Äquatorhitze aussetzen wollte, wo er doch die Huskys in Alaska hätte an Bord nehmen können, fragte er nicht.

Amundsen war endgültig entschlossen, jetzt, nachdem der Nordpol erobert worden war. Und doch musste er seine Entscheidung für sich behalten. Vielleicht hätte Nansen seinen älteren Anspruch auf die Entdeckungsfahrt zum Südpol geltend gemacht, immerhin lagen in seinem Schreibtisch die Pläne zu einer Antarktis-Expedition fertig ausgearbeitet vor. Oder Haakon VII. wäre von seiner Gattin Maude auf ein moralisches Vorrecht der Briten an dieser Region verwiesen worden und darauf, dass das englische Königshaus stets die Souveränität Norwegens garantiert habe. Und hatte er nicht erst mit Londoner Hilfe das Storting überzeugen können, dass Norwegen die Fahrt in das nördliche Packeis als nationale Aufgabe sich zur Pflicht machen sollte? Würde er sagen, wohin die Reise tatsächlich führen sollte, würde das ihr Ende sein. Anders konnte Amundsen nicht denken und so behielt er alles für sich, entzog sich möglichen Fragen nach dem Sinn dieser oder jener Entscheidung während der Vorbereitungsphase. Auch der Mannschaft musste er nichts sagen, vorerst nicht, sie war ihm ausgeliefert. Jeder hatte den von ihm aufgesetzten Kontrakt unterschrieben. *Ich gelobe auf Ehre und Gewissen, dem Leiter der Expedition oder dem oder denen, die er zu Anführern bestimmt hat, in jeglicher Weise und für die gesamte Dauer der Tour gehorsam zu sein sowie allen mir gegebenen Befehlen pünktlich Folge zu leisten und alle Arbeiten, die mir zugewiesen werden, zu übernehmen.* Einem musste er sein Ziel verraten, dem Schiffsmeister Thorvald Nilsen, seinem Stellvertreter im Kommando. Um das notwendige Kartenmaterial gründlich zu studieren, musste sein Schiffsmeister wissen, wohin die Reise führen sollte. Damit niemand einen Verdacht hegte, orderte Nilsen die Seekarten aus London, unter einem unverdächtigen Vorwand, über einen Botschaftsangehörigen. Niemand schöpfte Verdacht, auch in London nicht.

Der Stellvertreter also und der Bruder, mehr waren in Amundsens Wahrheit nicht eingeschlossen. Der Eroberer kämpft am glücklichsten allein. Wenn er siegt, reicht man ihm den Lorbeerkranz. Der Sieg allein zählt, der Südpol. Alles andere wird dagegen unwichtig. Als Scott schriftlich um eine Zusammenkunft bittet, die wissenschaftliche Arbeit beider Expeditionen zu koordinieren, die eine in der Antarktis, die andere in der Arktis, antwortet Amundsen ausweichend, er sei von den Vorbereitungen zu stark in Anspruch genommen, als dass er irgendwelche Verabredungen treffen, geschweige denn auch einhalten könne. Und als Scott aus Christiania, wo er mit Kathleen Nansen besucht, mehrmals in Uranienborg anrief, ließ sich Amundsen verleugnen. Beide Männer sind sich nie begegnet, dennoch: Amundsen wird das Bild des Briten nie vergessen.

Mister und Mistress Scott kamen nach Christiania, nicht nur um von Nansen Zuspruch für die britische Unternehmung zu erhalten, sondern um eine Neuentwicklung in den Bergen westlich der Stadt zu erproben, einen Motorschlitten mit Kettenantrieb. In einer Denkschrift – *Das Schlittenproblem in der Antarktis, Menschen gegen Motoren* – hatte sich Scott eine Idee des Maschineningenieurs der *Discovery*-Expedition, Reginald Skelton, zu Eigen gemacht. *Nach meiner Vorstellung könnte man einen beträchtlich höher gelegenen südlichen*

Breitengrad und möglicherweise sogar den Südpol selbst erreichen, wenn man Fahrzeuge mit mechanischem Antrieb auf der Großen Eisbarriere im Südmeer in geeigneter Weise verwendet. Eine glänzende Idee und für Scott der gedachte Schlüssel zum Erfolg. *Ich will erst nach Süden ziehen, wenn ich des Erfolgs ziemlich sicher sein kann, und ich glaube, Erfolg kann man nur haben, wenn man geduldig genug auf die Maschine wartet, die man braucht.*

Die entsprechenden Versuche bei Christiania liefen Erfolg versprechend, wenngleich nicht voll zufrieden stellend. Scott aber kann nicht länger warten, will es auch nicht, denkt sich ausreichend Sachverstand an Bord der *Terra Nova*, der eventuell auftretende Störungen der Schlittenmotoren schon werde beheben können. Drei Motorschlitten will er in die Antarktis mitnehmen, Shetland-Ponys dazu und sibirische Hunde. Und dann, Scott kann sich aus tradierten Mustern nur schwer lösen, sind da ja noch seine Jungs, Männer, die wie er die Schlitten durch Schnee und über das Eis ziehen werden. Skelton dagegen, der die Schlitten entwickelt hatte, wird er nicht mitnehmen. Der Ingenieur wird ihm fehlen.

Scott setzte auf eine Materialschlacht, Amundsen dagegen auf die eigene Erfahrung mit Grönlandhunden und auf das Können seiner Männer. Nansen empfahl dem Engländer einen jungen Skilehrer, der selbst eine Antarktis-Expedition unternehmen wollte, Tryggve Gran. Der könne die Briten an Ort und Stelle den Umgang mit Skiern lehren, wenn er ihn doch nur mitnehmen wollte. Scott will sich nichts vorzuwerfen haben. Er nimmt Gran in sein Expeditionscorps auf, damit dieser seinen Männern das Skilaufen beibringe, irgendwie zwischen der Landung in der Antarktis und dem Aufbruch zum Pol. Das Rossschelfeis aber ist alles andere als eine Skischule.

Am 6. Mai 1910, kurz bevor die *Terra Nova* auslaufen sollte, werden Englands Fahnen auf halbmast gesetzt. König Edward VII. war gestorben. Später verweisen Scotts Biografen auf die Parallelität der Ereignisse. Als die *Discovery* auslief, trugen die Briten Königin Viktoria zu Grabe, nun ist es Edward. Zehn Tage später ängstigte der Halley-Komet die Menschen, sahen manche das Jüngste Gericht über die Welt gekommen. An diesem Tag traf auch Gran in London ein und stand, einen Tag später, auf dem Deck der *Terra Nova*, die noch immer nicht zum Auslaufen bereit ist. Am 31. Mai gab die Königliche Geographische Gesellschaft zu Scotts Ehren ein Essen und

Major Leonard Darwin, er löste Markham in der Präsidentschaft der noblen Gesellschaft ab, brachte einen Toast aus: *Scott beweist aufs Neue, dass Mannhaftigkeit in unserem Volk nicht tot ist, dass die Tugenden unserer Vorfahren, die dieses große Weltreich schufen, weiter in uns leben.* Scott erwiderte seltsam unterkühlt. *Wir haben die Männer, die für den Erfolg einer Polar-Expedition notwendig sind. Doch, wie vollkommen die Auswahl der Besatzung auch sein mag, wir müssen uns darüber im Klaren sein, dass es in diesem großen Empire – und vergessen Sie nicht, dass ich mich bemüht habe, aus dieser Expedition eine Expedition des Empires zu machen – sehr viele andere gibt, die unser Werk hätten tatkräftig unterstützen können.*

Am 1. Juni 1910 wurde die *Terra Nova,* deren Auftrag zur nationalen Sache des Mutterlandes des Empires stilisiert worden war, aus London verabschiedet. Einer der geladenen Ehrengäste, Kapitän Bariett, Anglokanadier und ein in Polarregionen erfahrener Mann, beschrieb seinen Eindruck mit einem Vergleich. *Zwei Dinge fielen mir besonders auf, die Einstellung des Landes und die Art der Ausrüstung; die Goldtressen, Dreispitze und Würdenträger hätten ausgereicht, eine ganze Marine auszustatten. Was für ein Unterschied zu der etwas dümmlichen, fast spöttischen Haltung der amerikanischen Öffentlichkeit gegenüber Pearys mutigen Anstrengungen. Grundlage der ganzen Arbeit Pearys war die Übernahme von Eskimo-Methoden. Im Gegensatz dazu entwickelten die Briten ihre eigenen Theorien und bewiesen auf dem Papier, dass es sich nicht lohnt, Hunde einzusetzen. Daran musste ich denken, als ich die feinen Wollstoffe sah und all die speziell für diese Expedition (in England) hergestellten Geräte. Nichts ähnelte der Eskimo-Ausrüstung, die wir kannten.*

Sir Clements Markham, ehrwürdig, weißhaarig, ein Fossil schon fast vergessenen viktorianischen Selbstbewusstseins, erlebte noch eine Genugtuung, endlich, nach dreißig Jahren. Die weiße Flagge, die Marineflagge wurde am Hauptmast der *Terra Nova* aufgezogen. Dass die britische Antarktis-Expedition unter dem Weißen Emblem segelte, verdeutliche den Anspruch der Marine, das Weltmeer zu beherrschen. Eine wohl gezielte Demonstration eigener Macht in einem Augenblick, da die europäische Politik auf einen Krieg zusteuerte.

Themseabwärts ging die Fahrt, dann schleppte ein Marinekreuzer das Schiff nach Portland. Der junge Gran zeigte sich von dem Schauspiel militärischer Stärke beeindruckt. *Zu der Zeit lag der in England stationierte Teil der Flotte – der mächtigsten Kriegsflotte der Welt – in Portland Harbour. Die kleine Terra Nova – von oben bis unten mit Flaggen dekoriert – fuhr durch ein unübersehbares Spalier aus Kriegsschiffen und -kreuzern. An Deck der bewaffneten Kolosse waren die Mannschaften die Reling entlang angetreten, und die Luft an diesem heißen Sommernachmittag erbebte von ihren tausendfachen Jubelrufen.* In Cardiff wurde Kohle gebunkert, dann verließ die *Terra Nova* Englands Küste. In sein Tagebuch notierte Gran: *Die Luft bebte. Niemals vorher oder nachher habe ich in Friedenszeiten einen solchen Lärm gehört wie den, als die Terra Nova durch die Docks glitt. Zu Tausenden schrien die Menschen, als wenn sie von Sinnen wären. Man ließ Güterwagen über eine Strecke von Knallkörpern laufen, und in diesen Lärm mischten sich die Sirenen und Pfeifen von Hunderten von Schiffen. Beim letzten Schleusentor wartete ein kleines Geschwader beflaggter Boote auf uns, und unter diesem Geleit dampften wir hinaus auf das offene Meer.*

Es ist der 15. Juni 1910. Da war die *Fram* schon eine Woche auf See.

Seit dem 3. Juni lag sie unterhalb der Stadt Christiania vor Amundsens Haus am Bundefjord. Die Mannschaft zerlegte die Holzhütte, nummerierte sorgsam die Einzelteile für den Wiederaufbau und verstaute die Hütte an Bord. In der Nacht zum 7. Juni, dem Norwegischen Unabhängigkeitstag, ließ Amundsen die Anker einholen. Langsam glitt die *Fram* hinaus in den Fjord. *Um Mitternacht ausgelaufen*, schrieb Amundsen als erste Worte in sein Reisetagebuch. *Still und gelassen fahren wir aus dem Christiania-Fjord. Bald wird das Land außer Sicht sein und die Fram ihre Reise angetreten haben. Gott gebe, dass sie uns zur Ehre gereicht!*

Die Ausfahrt der *Fram* beobachtete auf der anderen Fjordseite im Turm von Polhogda auch Fridtjof Nansen. Jahre später wird er bekennen, dass das die bitterste Stunde seines Lebens war. Seine Frau war gestorben und das Schiff, das er als Symbol seines eigenen Lebens empfand, hatte er einem Jüngeren abtreten müssen. Nansen wird sich verloren gefühlt haben. Dass ihn der Jüngere betrogen hatte, wusste er zu diesem Zeitpunkt noch nicht.

Amundsen hat sie alle getäuscht, zwei Königshäuser, die Geographischen Gesellschaften in Europa, die Öffentlichkeit. Er hat Fridtjof Nansen hinter das Licht geführt und Robert Falcon Scott. Und er hat seiner Mannschaft das wahre Ziel ihrer Reise verschwiegen, jedenfalls bis nach Madeira. Dass er sich selbst betrog, hat er nicht gewusst, wird es auch nie wissen, oft aber – vielleicht – leise gespürt haben. In Funchal, dem Madeirischen Hafen, musste er die Karten aufdecken. Er wartete bis zum letzten Augenblick, um ein wirkungsvolles Schauspiel zu inszenieren. Die Ankerkette war schon zur Hälfte eingeholt, als er die Mannschaft auf Deck antreten ließ. Und während Leon Amundsen, der mit einem Linienschiff auf die spanische Atlantikinsel Madeira vorausgefahren war, um frisches Obst, Gemüse, Wasser und für die Hunde zwei geschlachtete Pferde verladefähig bereitzustellen, mit einem Ruderboot vom Land herüber kam, befestigte Schiffsmeister Nilsen eine Karte der Antarktis am Hauptmast. Daraufhin trat Amundsen vor seine Männer und erklärte wie nebenbei, dass er auf der Fahrt zum Nordpol einen Abstecher zum Südpol beabsichtige. *Es gibt viele Dinge an Bord, die Ihr misstrauisch oder erstaunt betrachtet habt, die Observationshütte oder die Hunde; doch darüber will ich jetzt nicht sprechen. Was ich sagen will, ist dies: Ich habe die Absicht, nach Süden zu fahren, eine Landungsgruppe auf dem Südlichen Kontinent abzusetzen und zu versuchen, den Südpol zu erreichen.*

Natürlich werde er am Ziel ihrer Reise festhalten, aber der Nordpol müsse ein wenig warten, ginge es jetzt doch darum, die Engländer zu schlagen. Wer jetzt abmustern wolle, so Amundsen, könne gehen und bekäme seine Heuer ausgezahlt. Die Mannschaft war überrumpelt und schrie Hurra. Da war keiner, der sich dem Einfluss ihres Anführers entziehen konnte oder wollte, alle waren seinem Willen unterworfen. Helmer Hansen, als Steuermann und Eislotse hatte er seine Zuverlässigkeit schon auf der Gjöa unter Beweis gestellt, notierte später in sein Tagebuch: *Als wir zum Nachdenken kamen, hörte man überall, warum hast du bloß ja gesagt? Wenn du nein gesagt hättest, hätte ich es auch getan.*

Dann ging Leon Amundsen von Bord mit eilig geschriebenen Briefen an die Angehörigen zu Hause und drei Briefen seines Bruders an den norwegischen König, die Presse und Nansen.

Herr Professor Fridtjof Nansen, nicht leichten Herzens schreibe ich Ihnen diese Zeilen; da es aber keinen Weg daran vorbei gibt, komme ich am besten gleich zur Sache. In den Polarbereichen gab es nur noch ein ungelöstes Problem, mit dem man das Interesse der Massen würde ge-

winnen können: die Erreichung des Südpols. Ja, es fällt mir schwer, Ihnen, Herr Professor, einzugestehen, dass ich bereits im September 1909 den Entschluss gefasst hatte, an dem Wettkampf zur Lösung dieser Frage teilzunehmen. Manchmal stand ich dicht davor, Ihnen die ganze Sache anzuvertrauen, doch stets habe ich meine Absicht aufgegeben aus Furcht, Sie könnten mich hindern. Seit September vorigen Jahres bin ich also fest entschlossen, und ich glaube sagen zu können, auch gut vorbereitet.

Von Madeira nehmen wir Südkurs nach Südviktoria-Land. Ich will dort mit 9 Mann an Land gehen und die Fram auf eine ozeanographische Kreuzfahrt schicken. Wo wir an Land gehen werden, habe ich noch nicht entschieden, doch habe ich nicht vor, den Engländern zu folgen. Sie haben das erste Anrecht, wir müssen uns zufrieden geben mit dem, was sie nicht wollen. Im Februar oder März 1912 wird die Fram zurückkehren, um uns abzuholen. Wir werden dann zunächst nach Lyttelton in Neuseeland fahren, um von dort zu telegraphieren, und dann weiter nach San Francisco, damit ich meine unterbrochene Arbeit aufnehme mit, wie ich hoffe, der Ausrüstung, die man für eine solche Fahrt braucht.

Und wenn Sie, Herr Professor, Ihr Urteil über mich sprechen, dann seien Sie nicht zu hart. Ich habe den einzigen Weg beschritten, der mir offen schien, und jetzt müssen die Dinge ihren Lauf nehmen.

Gleichzeitig mit diesem Brief wird auch der König informiert, sonst aber zunächst niemand. Erst einige Tage danach wird mein Bruder die Zusätze zu meinem Expeditionsplan bekannt geben. Noch einmal bitte ich Sie, behandeln Sie mich nicht zu streng. Ich bin kein Schwindler; ich handelte notgedrungen. Und so erbitte ich Ihre Verzeihung für das, was ich getan habe. Möge meine bevorstehende Arbeit Sühne sein für das, worin ich gefehlt habe. Mit ergebensten Grüßen Ihr Roald Amundsen

6. Begegnung am Schelfeisrand

Ich wurde um 1 Uhr von Lillie mit der erstaunlichen Nachricht geweckt, dass ein ankerndes Schiff in der Bucht gesichtet worden war. Innerhalb weniger Minuten war ein völliges Durcheinander an Bord, und alle rannten mit Kameras und Kleidung an Deck. Da lag es, nur etwa 100 Yards von uns entfernt, und was noch wichtiger ist, wer Nansens Buch gelesen hatte, wusste gleich, es war die *Fram*.
Raymond Priestley

Wir verbrachten ein paar recht gemütliche Stunden miteinander, und später am Tage machten drei von uns auf der *Terra Nova* einen Besuch und blieben zum Gabelfrühstück.
Roald Amundsen

Sieben Jahre ist es her, seit Robert Falcon Scott *Hut Point*, das Winterquartier tief im McMurdo-Sund, mit der *Discovery* verlassen hatte, Anfang Januar 1911 sieht er den Mount Erebus mit seiner Rauchfahne wieder. Weit kommt er jedoch nicht, Packeis versperrt der *Terra Nova* die Zufahrt zur ehemaligen Winterbasis, und notgedrungen entschließt er sich, unterhalb des Vulkanmassivs auf einem kleinen Vorgebirge aus Fels und Moräneneis an Land zu gehen. Den Ort der Anlandung, eine Landzunge der Ross-Insel, nennt er Kap Evans, *zu Ehren unseres hervorragenden stellvertretenden Kommandanten,* der das Schiff im Sturm vor dem Untergang bewahrt hatte. Es ist der 4. Januar. *4 Uhr nachmittags. Ungefähr 3 Kilometer vom Ufer stieß das Schiff auf hartes Buchteis, das eine Straße nach dem Kap und eine haltbare Oberfläche zum Ausschiffen unserer Vorräte bot. Hier machten wir uns mit Eisankern fest und Wilson, Evans und ich gingen zum Kap. Ein Blick auf das nahe Land zeigte einen idealen Platz für unsere Winterstation. Ein nach Nordwest gelegener Strand, der im Rücken durch zahlreiche Hügel geschützt war, schien alle Vorzüge für eine Winterstation in sich zu vereinigen und diesen Platz wählten wir deshalb zur Errichtung unseres Hauses. Nach langem Grollen hat uns Fortuna mit ihrem freundlichsten Lächeln beglückt!* Scott befiehlt, das Expeditionsschiff zu entladen. Doch Fortunas freundliches Lächeln sollte alle täuschen.

Der direkte Weg von Kap Evans südwärts, über Gletscherbrüche und Spalten hinweg und vorbei an herabstürzenden Eisbrocken die Eisbarriere hinauf, ist der Crew versperrt; passierbar nur von erfahrenen Alpinisten. Scott weiß das und setzt auf das Meereis, das sich im McMurdo-Sund weiter nach Süden zieht, als einzig möglichen Weg. Er weiß auch, dass das Eis mit der fortschreitenden Jahreszeit immer brüchiger wird, ihm nicht viel Zeit bleibt, vom Kap Evans aus alles notwendige Material zum entscheidenden Angriff auf den Pol das Schelfeis hinaufzubringen, Ponys und Hunde, Verpflegung und den Brennstoff, die Schlitten, Zelte und Skier. Wie viel Zeit ihm tatsächlich bleibt, weiß er nicht. Nach knapp drei Wochen hat sich die Situation entscheidend verändert. Am 23. Januar, in den frühen Morgenstunden, ist das Eis über Nacht zu großen Schollen zerbrochen und treibt langsam in die offene See hinaus: Kap Evans liegt bis auf einen extrem schmalen Eisstreifen abgeschnitten von der geplanten Südroute. *Als ich mir darüber klar geworden war, wurde Hand angelegt und alles ging mit Dampf. Sämtliche Schlitten, unsere ganze Ausrüstung, selbst die Hunde mit den Ponygeschirren wurden auf das Schiff gebracht, und nur die Ponys sollen schon morgen versuchen, auf der Südstraße zur Gletscherzunge zu gelangen. Dort werden sie dann wieder beladen und wir beginnen mit dem Marsch zur Hüttenspitze unsere Depotreise. Zu warten, bis alles Eis hinaustreibt und dem Schiff gestattet, bis zur Hüttenspitze vorzudringen – diese lange Ungewissheit und mögliche Verzögerung können wir nicht riskieren. Ich bete zu Gott, dass sich die Ponystraße noch die wenigen Stunden über halten möge!*

Mit Glück werden die Ponys von Kap Evans über die schmale Eisbrücke zum ehemaligen Winterquartier der *Discovery* nach *Hut Point* getrieben. Der übrige Tross, alles für den Marsch zum Südpol Notwendige, drei Wochen zuvor mit viel Mühe ausgeladen, wird zurück auf das Schiff gebracht. Die Männer arbeiten den ganzen Tag und die ganze Nacht. Neun Kilometer sundaufwärts wird alles wieder entladen. Auch das braucht seine Zeit. Dann erst verabschiedet Scott sein Schiff, das zwei Teams zur geologischen Erkundung an unterschiedlichen Standorten absetzen soll. *Donnerstag, 26. Januar. Der letzte Tag auf der Terra Nova. Kapitän Pennell hat die Mannschaft auf dem Achterdeck antreten lassen und ich dankte ihnen allen für ihre tüchtigen Leistungen. Sie haben sich sämtlich als tapfere Kerle benommen, eine prächtigere Gesellschaft ist nie zusammen auf einem Schiff gesegelt. Ihre herzlichen Lebewohlrufe taten mir wahrhaft wohl.*

Die *Terra Nova* segelt zum westlichen Ufer des McMurdo-Sunds, um die erste Gruppe Wissenschaftler auf Viktoria-Land abzusetzen, und weiter nach Osten, in respektvoller Entfernung die Ross-Eisbarriere entlang, nach King Edward VII.-Land, am anderen Ende des Schelfeises.

Inzwischen löscht in der Bucht der Wale auch die *Fram* ihre Fracht. Roald Amundsens Tagebucheintrag über den ersten Arbeitstag in der Antarktis beginnt ebenso im Überschwang der Gefühle, wie Scott seinen Eintrag abschloss. *15. Januar 1911. Da liegt sie nun, die Barriere, so wie sie wahrscheinlich schon seit Jahrtausenden da liegt, und badet sich in den Strahlen der Mitternachtssonne. Es scheint, als schliefe die Prinzessin noch in ihrem kristallenen Schloss. Wenn es uns doch gelänge, sie zu wecken.* Der erste Schlitten wird über die Reling auf das Eis hinübergehievt und mit 300 Kilo Ausrüstung beladen, acht Hunde werden eingeschirrt. Als Erster soll Amundsen mit dem Gespann die etwa vier Kilometer lange, mit blauen Fähnchen abgesteckte Strecke auf das Schelfeis hinauf, doch wird die Ehre der ersten Fahrt unter dem Gelächter aller zur Farce. *Die Hunde, nachdem sie ein paar Schritte gelaufen waren, setzten sich wie auf Kommando hin und starrten sich gegenseitig an. Mit einem Peitschenknall gaben wir ihnen zu verstehen, dass wir Arbeit von ihnen erwarteten, doch auch das half nicht viel. Denn anstatt zu gehorchen, gingen sie in einem gloriosen Kampf aufeinander los – mein Gott, wie haben wir uns an dem Tag mit den acht Hunden abgequält. Mitten in dem ganzen Theater warf ich einen Blick zum Schiff hinüber, aber ich guckte besser schnell wieder weg. Sie bogen sich alle vor Lachen und schrien eine Unmenge unverschämtester Ratschläge herüber.* Die Hunde kommen mit der kanadischen Art des Anschirrens nicht zurecht. Amundsen hatte die in Alaska übliche Methode, Huskys immer paarweise an einem Zugstrang zu befestigen, auf seiner Fahrt mit der *Gjöa* durch die Nordwest-Passage kennen gelernt. Jetzt muss er umdenken. Seine Tiere stammen aus Grönland und sind es gewohnt, im fächerförmig ausgelegten Zuggeschirr einzeln zu laufen. Peitschenhiebe helfen ebenso wenig wie gutes Zureden, auch andere Hunde weigern sich, den Schlitten zu ziehen. Die Männer müssen das Gespannzeug umarbeiten. Der Erfolg gibt ihnen Recht. Die Huskys legen sich ins Lederzeug und stürmen den Eishang hinauf, dorthin, wo die Expedition ihr Basislager aufschlagen wird. Die Hundeführer laufen auf

Skiern nebenher, wenn die Fahrt mit voller Ladung aufwärts führt, abwärts sitzen sie auf den leeren Schlitten. Täglich arbeiteten die Männer zwölf Stunden, die Hunde in Schichten zu fünf Stunden, man will die Huskys nicht überanstrengen. Zehn Tonnen Material werden durchschnittlich pro Tag auf das Schelfeis umgeschlagen, manchmal mehr, und während Gespann um Gespann seine Last in den lockeren Schnee auf dem Schelfeis kippt, bauen die beiden Schiffszimmerleute der *Fram* die Hütte vom Bunnefjord auf. Stubberud wird sich Zeit seines Lebens an die für einen Tischler ungewohnten Arbeitsbedingungen erinnern, *an dauerndes Schneetreiben, sodass die Baugrube schneller wieder zugeweht war, als wir schaufeln konnten.* Während er und Bjaaland mit der Errichtung der Unterkunft beschäftigt sind, gehen andere auf die Jagd, um ausreichend Vorräte für ein Jahr einzulagern. In einem extra ausgehobenen Eiskeller wird die ausgenommene Jagdbeute vor den stets hungrigen Huskys gesichert. 200 Seehunde und Robben werden getötet, ebenso viele Pinguine. *Wir leben wie im Schlaraffenland, die Robben kommen bis ans Schiff heran, Pinguine bis ans Zelt und lassen sich schießen.* Als einige Männer wie im Rausch töten, die Kadaver jedoch auf dem Eis liegen lassen, reagiert Amundsen unmissverständlich; nicht aus Tierliebe, sondern weil er weiß, dass Jagdleidenschaft seinen autoritären Führungsanspruch untergraben könnte. *Den Mitgliedern der Expedition ist es streng untersagt, Tiere zu töten, die wir nicht verwenden können.*

Ende Januar ist die Holzhütte auf dem Schelfeis, in der die Polmannschaft überwintern wird, fertig. Das Basislager auf dem Weg zum Erfolg steht bezugsbereit. Amundsen notiert: *Hier auf der gleichen Eisbarriere, wo Shackleton Gott dafür dankte, dass er nicht an Land gegangen war, haben wir unser Haus aufgeschlagen, hier werden wir unser Heim haben. Nicht einer von uns hält das für irgendwie gefährlich. Die Zukunft wird zeigen, ob wir Recht haben.*

Die Landungsmannschaft verlässt das Schiff, um sich häuslich in *Framheim,* wie die Männer das Winterquartier nennen, einzurichten. Arbeit gibt es weiterhin genug und jeder weiß, was er zu tun hat. Drei Vorausdepots mit Nachschub müssen für den Vorstoß zum Pol angelegt, verschiedene Ausrüstungsgegenstände den antarktischen Witterungsverhältnissen angepasst und die Hundeschlitten umgerüstet werden. Amundsen hat seinen Angriff auf den Südpol bis ins Detail ebenso exakt wie brillant ausgearbeitet; nichts bleibt dem Zufall überlassen. Zudem will er seine Männer beschäftigt sehen, damit ihnen keine Zeit zum Nachdenken bleibt. Würde das Schelfeis halten oder zu einem riesigen Tafeleisberg abbrechen, samt *Framheim* auf das offene Meer hinaustreiben? Und wann würde die *Terra Nova*, wann würden die Engländer in der Bucht der Wale auftauchen?

Am 4. Februar kurz nach Mitternacht ist es so weit. Gjertsen, der zweite Steuermann der *Fram*, die noch immer am Rand der Eisbarriere vertäut liegt, stürzt auf das Deck, weil er ein seltsames Geräusch hört, als würde Eis splittern. Es sind die Eisanker, die von der *Terra Nova* herabgeworfen werden, um das Schiff festzumachen. *Wir hatten sie schon lange in der Bucht erwartet, da sie mit einer Gruppe ostwärts zum King Edward-Land unterwegs war. Ich sah zwei Mann an Land gehen, Skier anlegen und mit einer für Ausländer erstaunlichen Geschwindigkeit die Eisbarriere hinaufstürmen. Wenn sie böse Absichten haben sollten (eines unserer ewigen Gesprächsthemen war, wie die Engländer wohl unsere Herausforderung aufnehmen würden), würden die Hunde das schon übernehmen und sie zur Umkehr bewegen. Unangenehmer wäre allerdings, wenn sie hier auf der Fram rumschnüffeln, während ich allein Wache habe.* Die beiden Engländer haben auf dem Rosseis wohl genug gesehen, machen kehrt und kommen auf die *Fram* zugelaufen. Gjertsen erwartet sie, mit einem schussbereiten Gewehr und einem Wörterbuch in der Hand.

Die *Terra Nova* hatte am 28. Januar den McMurdo-Sund verlassen, um einen Landungstrupp unter dem Kommando von Oberleutnant Victor Campbell auf King Edward VII-Land abzusetzen. Die Geologengruppe sollte das bislang unbetretene Gebiet am östlichen Ende der Ross-Barriere erforschen. Starkes Packeis aber und tückische Strömungswirbel verhinderten die Anlandung und das Schiff zog sich auf der Suche nach einem ruhigen Ankerplatz westwärts zurück. Es war gegen 22 Uhr, als die *Terra Nova* in die Bucht der Wale einfuhr, von wo aus der Geologe Raymond Priestley, der bereits mit Shackleton hier gewesen war, sich einen Zugang zum King-Edward-Land erhoffte. *Es war ungeheuer befriedigend zu sehen, wie jetzt alle Shackleton bestätigten, und ich war so froh und glaubte, dass es uns jetzt gelingen würde, auf der Barriere an Land zu gehen – es war unsere letzte Chance, King Edward-Land zu erforschen. Aber der Mensch denkt und Gott lenkt. Ich wurde um 1 Uhr von Lillie mit der erstaunlichen Nachricht geweckt, dass ein ankerndes Schiff in der Bucht gesichtet worden war. Innerhalb weniger Minuten war ein völliges Durcheinander an Bord, und alle rannten mit Kameras und Kleidung an Deck. Es war kein falscher Alarm. Da lag es, nur etwa 100 Yards von uns entfernt, und was noch wichtiger ist, wer Nansens Buch gelesen hatte, wusste gleich, es war die Fram.*

Die Besatzung hatte Amundsen überall vermutet, im Weddell-Meer oder auf Graham Land, dessen Küste ihm als ehemaliger Zweiter Steuermann der *Belgica* bestens vertraut sein musste: hier im Ross-Meer, in jener Region, die die Engländer für sich beanspruchten, jedenfalls nicht. Dementsprechend groß war die Aufregung an Bord der *Terra Nova*. Später berichtete Scotts Schwager, Wilfred Bruce, seiner Schwester Kathleen, dass *ein Vulkanausbruch am Erebus nichts dagegen gewesen wäre. Überall wurde laut und kräftig geflucht.* Campbell und sein erster Offizier, Oberleutnant Pennell, der die *Terra Nova* vor Einbruch des antarktischen Winters als Kapitän nach Neuseeland zurückbringen wird, unternahmen gleichsam einen Ausfall, um das Terrain und die Lage zu erkunden. Als sie auf dem Rand des Schelfeises nichts anderes als weiße, endlose Einöde sehen, scheinen sie erleichtert und unternehmen gleichsam einen Frontalangriff auf das norwegische Schiff. Campbell will den Stier bei den Hörnern packen und überrumpelt Gjertsen, indem er ihn auf Norwegisch anspricht. Der Engländer hatte in Norwegens Bergen nicht nur exzellent Skilaufen gelernt, sondern ebenso die Landessprache. Gjertsen ist entwaffnet und kann dem Kommandanten der *Terra Nova* nur noch mitteilen, dass Amundsen und die Mannschaft in der Hütte oben auf dem Eisschild seien und am frühen Morgen zurückerwartet werden.

Amundsen hat die Ankunft der *Terra Nova* von *Frambeim* aus beobachtet und hofft, dass sich die Engländer, nachdem ihre erste Neugier gestillt ist, zurückziehen werden. Auf ein Zusammentreffen ist er nicht versessen. Erklärungen würde man fordern, warum er sich in die englische Region eingeschlichen habe, heimlich, oder warum er sich habe verleugnen lassen, damals in Christiania, als Robert Falcon Scott immer wieder versucht hatte, mit ihm Kontakt aufzunehmen. Eine Debatte um moralische Grundwerte oder über den Ehrenkodex britischer Polarforscher konnte er nicht gebrauchen.

Tatsachen will er schaffen, der Weltöffentlichkeit gegenüber als strahlender Sieger auftreten, den Pol in der Tasche. Dann würde niemand mehr danach fragen, wie diese Eroberung zustande kam. Wenn sie nur zustande kommt.

Die Engländer bleiben und Amundsen weiß seine Trumpfkarte aufgedeckt. Nun kennt Scott die Position des Gegners. Also kann Amundsen ebenso gut zur *Fram* herunterfahren, um etwas über den Einsatz der drei Motorschlitten zu erfahren, deren Kraft und Geschwindigkeit er fürchtet. Gegen sechs Uhr jagt er mit seinen Männern zu seinem Schiff herunter; er hat die besten Hunde anspannen lassen.

Das beabsichtigte Schauspiel verfehlt nicht seine Wirkung. Gjertsen notiert die Szene in sein Tagebuch. *Es war ein richtiges Abfahrtsrennen zum Schiff. Die Engländer waren einfach verblüfft. Sie hatten nie erwartet, dass Hunde vor einem Schlitten so laufen konnten, und begannen schon, an ihren guten, alten Ponys zu zweifeln. Plötzlich brachen sie in Begeisterung aus, jubelten ihnen zu und winkten mit den Mützen. Unsere Treiber grüßten zurück und knallten mit den Peitschen.*

Amundsen bittet Offiziere und die Mannschaft der *Terra Nova* auf die *Fram,* um den Engländern sein berühmtes Schiff vorzuzeigen. Und abermals zeigen sich die Briten beeindruckt. *Jeder lobte, wie hübsch und bequem wir wohnten. Als sie sahen, dass unsere Männer je eine Einzelkabine und einen großen Gemeinschaftsraum hatten, machten sie große Augen und staunten.* Ihr Alltag an Bord sah dagegen ganz anders aus. *Ihr Mannschaftstisch,* erzählt ein Matrose Gjertsen und anderen, *stand genau unter den Ponys, die zum Essen ›gelben Senf‹ lieferten. Die Benutzung der sanitären Einrichtungen war ein Balance-Akt über die Schiffsseite auf einer Rinne, die über dem tosenden Abgrund hing. Einen aus der Mannschaft der Fram packte tiefstes Mitleid und er gab dem melancholisch gestimmten Informanten ein Gläschen Aquavit zur Stärkung. Der Engländer brach in wilde Begeisterung aus.* Auch die Offiziere sind beeindruckt, wenngleich sie die Kontenance wahren. *Das Schiff ist wundervoll gebaut und die Quartiere für die Offiziere sind fürstlich.* Der Gegenbesuch auf der *Terra Nova* endet im einhelligen Urteil der Norweger. *Sehr einladend sieht es nicht aus.* Immerhin verläuft die Begegnung am Schelfeisrand friedlich und beide Parteien überbieten sich im Austausch aufmunternder Freundlichkeiten. Die Norweger empfinden Scotts Mannschaft als *gutartig und ausgesprochen nett,* während wiederum die *Fram*-Mannschaft auf Wilfred Bruce *ausnahmslos charmant* wirkte, *selbst der perfide Amundsen.*

Campbell, Pennell und den Arzt der King-Edward-Land-Expedition lädt Amundsen zu einem zweiten Frühstück auf das Eisschild nach *Framheim* ein. Die Kost ist für den englischen Geschmack eher bescheiden, sosehr Adolf Henrik Lindström, der schon auf der *Gjöa* als Koch mitgefahren war, sich auch abmüht, seine Gäste zu bewirten. Dass die Gespräche bei Tisch einsilbig verlaufen, liegt jedoch weniger an Lindströms Kochkünsten, eher an *Framheim* selbst. Um die Hütte sind vierzehn Sechzehn-Mann-Zelte aufgebaut, einige für den Proviant, andere als Hundehütten. Amundsen glaubt, dass Huskys, während sie nicht arbeiteten, ihre Kondition am besten halten würden, wenn sie gegen Kälte und scharfen Sturm geschützt werden. Wie die meisten Briten kann sich Campbell nicht vorstellen, dass Hunde ideale Zugtiere in den Polargebieten sind; jetzt sieht er sich belehrt und erfährt, wie entschlossen Amundsen ist, Scott die Eroberung des Südpols streitig zu machen. Die Effektivität, mit der Amundsen diese Expedition vorbereitet hat, muss ihn beeindruckt haben. Hier war alles dem einen Ziel unterworfen, Scott zu schlagen, während die Engländer die Poleroberung nicht einmal als eigentliches Ziel ausgaben. Das britische Unternehmen, ohnehin aus mehreren Expeditionsteams zusammengesetzt, davon das eine das Edward-Land, das andere Viktoria-Land und das Rosseis erforschen sollte, ist eine wissenschaftliche Reise, das norwegische ein Eroberungsfeldzug. Oberleutnant Campbell hat genug strategisches Verständnis, um zu sehen, auf welcher Seite die Vorteile liegen. Zudem muss er darüber enttäuscht gewesen sein, dass sich die Vorstellung, das Edward-Land auf dem Landweg, von der Bucht der Wale aus über die Schelfeisfläche, doch noch zu erreichen, durch die Anwesenheit der Norweger erledigt hat. Gewiss, er würde gern den Vorschlag Amundsens annehmen, neben *Framheim* ein eigenes, britisches Basislager aufzuschlagen, doch die anderen sind dagegen. *Es gehört sich nicht, dass wir unser Winterquartier auf ihrem Gebiet errichten,* sagt Priestley. Er spricht aus, was alle Engländer empfinden. Amundsen ist ohnehin davon überzeugt, dass Campbell seinen Vorschlag ablehnen muss, würde er doch andernfalls der Entrüstung des gesamten Britischen Königreichs über das Eindringen der Norweger in eine Region, die traditionell zur englischen Domäne erklärt ist, in den Rücken fallen. Amundsen kann großzügig sein. Wie immer die *Terra Nova*-Besatzung sich entscheiden würde, er wäre in jedem Fall der moralische Sieger. Und doch ist er erleichtert, die Engländer nicht an seiner Seite zu haben, wäre doch sein ganzer Zeitplan durch deren unmittelbare Anwesenheit kräftig durcheinander geraten. Campbell muss Amundsens Inszenierung durchschaut haben, jedenfalls wechselt er die Unterhaltung aus dem Norwegischen ins Englische, das Amundsen nur mühsam versteht. Die Fachsimpelei gerät zur höflich korrekten Konversation.

Jener 3. Februar 1911 war die einzige Chance, den tragisch verlaufenden Wettlauf zum Südpol zu beenden, noch ehe er richtig begann. Doch Oberleutnant zur See Campbell war nicht Manns genug, sich gegen jene durchzusetzen, die wie Bruce aus falsch verstandenem Ehrbegriff davon überzeugt waren, dass *das Verhältnis zwischen den beiden Expeditionen gespannt bleiben muss.* Hätten die Engländer ihre Landungsgruppe zur Erforschung des King-Edward-VII.-Land neben *Framheim* abgesetzt, wäre nicht nur Amundsens Marschvorbereitung verlangsamt, sondern die Anwesenheit von Robert Falcon Scott vor Ort durchaus wahrscheinlich geworden. Denkbar, dass damit aus der Rivalität eine wie auch immer geartete Zusammenarbeit gewachsen wäre. Mit Sicherheit wäre Scott die tiefe psychologische Erschütterung erspart geblieben, nur als Zweiter am Südpol zu stehen. Die Gunst der Stunde aber wurde nur allzu leichtfertig einem nationalen Anspruchsdenken geopfert und dem Erwartungsdruck, der auf Scott lastete; der historische Augenblick zur Höflichkeitsfloskel zerredet, zur Maske kleinlicher Etikette. Man lädt Amundsen, Nilsen und Kristian Prestrud zum Essen auf die *Terra Nova* ein.

Amundsen betritt das Schiff schon als Enfant terrible und ist sichtlich erleichtert, als ihm deutlich wird, das die Engländer keine Funkanlage an Bord haben. Sieg oder Niederlage seiner Expedition will er der Welt selbst bekannt geben, Nachrichten auf dem Weg dorthin ihr jedoch vorenthalten, schon gar nicht in englischsprachigen Zeitungen kolportiert wissen. Das Essen ist ausgezeichnet, auch die Getränke sind ganz nach dem Geschmack der Gäste, die Atmosphäre scheint gelöst und doch weiß jeder, was er vom anderen zu halten hat. Wie beiläufig erkundigt sich Amundsen nach den Motorschlitten. *Einer von ihnen*, erwidert Campbell, *ist bereits auf terra firma*. Amundsen ist beunruhigt; wenn ein Schlitten bereits auf dem Festland ist, kann das nur heißen, dass er erfolgreich auf dem Schildeis eingesetzt wurde, vielleicht schon den Beardmore-Gletscher erreicht habe.

Dass *terra firma* den festen Boden unter dem Eis meint, sagt Campbell nicht. Als Scotts Männer Mitte Januar am Kap Evans den ersten Motorschlitten ausschifften und auf sicheres Terrain ziehen wollten, brach die Eisdecke unter seiner Last. Zwar griffen viele Hände in das Seil, um den Schlitten vor dem Versinken zu retten, doch unter seinem Gewicht schnitt sich das Seil immer schneller durch das Eis, sodass die Matrosen fürchten mussten, gleich ihm unter das Eis gezogen zu werden. Seither ruht der Motorschlitten dem Grund des McMurdo-Sundes, auf *terra firma*. Die Gespräche verstummen. Und als Amundsen sich mit dem Hinweis darauf, dass Campbell die von ihm angebotene Zusammenarbeit ausgeschlagen habe, über seine Pläne zu sprechen weigert, ist das Diner an Bord der *Terra Nova* schnell beendet. Ebenso kühl wie höflich nehmen die Männer Abschied, nicht jedoch ohne einander Glück zu wünschen. Eine halbe Stunde später segelte die *Terra Nova* ab, zehn Stunden nachdem sie in die Bucht der Wale eingelaufen war. Die Würfel sind gefallen.

Amundsen, als das englische Schiff in der Ferne verschwindet, wirkt nervös. Alles hat er durchdacht, alles durchgerechnet; vielleicht aber die Leistungsfähigkeit der drei Motorschlitten unterschätzt. Ernstlich glaubt er nicht, dass die Technik den Hundegespannen den Sieg werde streitig machen können; sicher ist er sich nicht.

Am 10. Februar bricht er auf, den Weg nach Süden zu erkunden, für das erste Verpflegungsdepot eine geeignete Stelle zu finden. Er ist froh, dass es endlich südwärts geht. *Die Ski-Bedingungen konnten nicht besser sein.* Doch zuvor verabschiedet er sich von der Schiffsmannschaft, die die *Fram* aus dem bald stärker werdenden Packeis herausbringen wird. Nilsen hinterlässt er schriftlich seine Befehle. *Gemäß Plan, den wir gemeinsam ausgearbeitet haben.* Nach Buenos Aires soll Nilsen segeln, dann eine ozeanographische Kreuzfahrt durchführen und nach dem Winter zurückkehren, um *Framheim* zu entsetzen. *Je eher Sie Ihre Rückkehr 1912 zur Bucht der Wale schaffen können, umso besser. Ich lege keine Zeit fest, da alles von den Umständen abhängt, und ich überlasse es Ihnen, nach Ihrem Ermessen zu handeln. Im Übrigen lasse ich Ihnen völlige Freiheit in allem, was den Interessen der Expedition dient. Wenn Sie bei Ihrer Rückkehr feststellen, dass ich durch Krankheit oder Tod die Leitung der Expedition nicht übernehmen kann, lege ich sie in Ihre Hände und bitte Sie dringend, den ursprünglichen Plan der Expedition – die Erforschung des Nordpolarbeckens – durchzuführen. Voll Dankbarkeit für die Zeit, die wir zusammen waren, und mit dem Wunsch, dass, wenn wir uns wieder sehen, jeder von uns sein Ziel erreicht hat, grüße ich Sie als Ihr sehr ergebener Roald Amundsen.*

Inzwischen ist die *Terra Nova* zurück im McMurdo-Sund, um Scott vom Zusammentreffen mit den Norwegern Bericht zu erstatten. *Unsere Gedanken kreisen um sie, viel zu sehr. Wir haben den Eindruck, dass diese Männer alle entschiedene Persönlichkeiten sind, hart und an Schwierigkeiten gewöhnt, gute Arbeiter, gut gestimmt. All das macht sie zu gefährlichen Rivalen. Unsere Nachrichten werden Scott genauso beunruhigen wie uns*, schreibt Priestley in sein Tagebuch. Damit Scott Campbells Bericht möglichst schnell zu Gesicht bekommt, steuert Pennell das Schiff sundaufwärts bis zur alten Discovery-Hütte, in der Hoffnung, den Expeditionskommandanten hier anzutreffen. Scott aber ist auf Depoterkundungstour unterwegs und wird Campbells schriftliche Berichterstattung erst zwei Wochen später erhalten. Die *Terra Nova* dreht bei und nimmt Kurs auf die Spitze des Südviktoria-Lands, um die Forschergruppe unter Campbell nunmehr

am Kap Adare abzusetzen, in unmittelbarer Nachbarschaft zu Borchgrevinks altem Lager. Und während Campbell sich mit seinen Männern auf den bevorstehenden antarktischen Winter einrichtet, lässt Pennell alle Segel Richtung Neuseeland setzen, wo er der Welt das Zusammentreffen der *Fram* und der *Terra Nova* in der Bucht der Wale mitteilen wird.

Am 23. Februar liest Scott Campbells Bericht. Cherry-Garrard, der gegen Zahlung von 1000 Pfund als Privatmann auf die Antarktisexpedition mitgenommen wurde und während der Erkundungstour Scotts Zeltgenosse ist, berichtet. *Viele Stunden lang konnte Scott nichts anderes denken oder reden. Offensichtlich ist es ein ungeheurer Schock für ihn, er hält es für sehr unfair, denn unser Plan, hier auf*

King Edward VII.-Land zu landen, war bekannt. Er reagiert aufbrausend, verliert das Lächeln aus seinem Gesicht und alle Fassung. Scott wird laut; später, im Schlafsack, als er wie gewöhnlich den vergangenen Tag im Tagebuch resümiert, hat er seine Haltung wiedergefunden. *Amundsens Vorgehen ist sehr überlegt, und nur der Erfolg kann ihn rechtfertigen. Man muss sein Verhalten nicht unbedingt verdammen, weil es nicht anständig ist, und ich werde mich auch auf keinen Fall dazu verführen lassen, öffentlich meine Meinung dazu zu sagen. Eines ist mir ganz klar; richtig und klug ist, wenn wir uns verhalten, als wäre nichts geschehen. Wir müssen weitermachen und unser Bestes tun – zur Ehre des Vaterlands – ohne Furcht und Panik!* In dieser Nacht wird ihm bewusst, dass Amundsen alle schlagen kann, Shackleton, ihn selbst und alle bisherigen britischen Antarktisexpeditionen. *Zweifellos ist Amundsens Plan eine Bedrohung für uns. Er ist um 60 Meilen näher am Pol – ich hätte nie gedacht, dass man so viele Hunde heil ins Eis bekommt. Sein Prinzip, sie zu führen, scheint hervorragend. Und obendrein kann er früher im Jahr starten als wir – mit Ponys ist das ausgeschlossen.* Scott hatte eine schlechte Nacht, doch keine brauchbaren Pläne, einer vielleicht schon absehbaren Niederlage entgegenzutreten. Am Morgen notiert Cherry-Garrard: *Scott sprang aus seinem Schlafsack und rief: Beim Zeus! Welche Chance haben wir verpasst – wir hätten Amundsen ergreifen und auf seinem Schiff zurückschicken sollen!* So wie er denken manche Engländer, einige sind dazu noch immer bereit. Auch der norwegische Skilehrer in Scotts Diensten, Tryggve Gran, ist erschüttert. *Es war, als täte sich die Barriere unter mir auf, und tausend Gedanken auf einmal jagten mir durch den Kopf. Sollte ich gegen meine eigenen Landsleute und meine eigene Fahne antreten?* Alle sehen auf Scott, was sie von ihm in dieser Situation erwarten, wissen sie dennoch nicht genau. Rittmeister der Kavallerie Lawrence Edward Grace Oates, der als zweiter zahlender Gast die Reise aus Abenteuerlust mitmacht und für die Ponys verantwortlich ist, formuliert sachlich: *Wenn es zu einem Wettlauf kommt, hat Amundsen die Chance, zum Pol zu gelangen; denn er ist der Mann, der sein ganzes Leben mit dieser Art von Kampf zugebracht hat, und er hat harte und erfahrene Männer hinter sich, während wir alle sehr jung sind.*

Scott versteckt seine Unschlüssigkeit hinter einem nervösen Aktivismus, erteilt Befehle, die er mit den nächsten widerruft, taucht bald hier, bald dort auf und ist doch nicht anwesend. Endlich versammelt er seine Leute und verkündet seinen Entschluss. *Wir müssen weitermachen und unser Bestes tun – zur Ehre des Vaterlands – ohne Furcht und Panik!* Die Männer haben anderes erwartet und sind doch froh, dass da einer ist, der ihnen sagt, was sie zu tun haben. Und Scott redet, als müsse er sich selbst überzeugen. Diese Expedition sei ausgeschickt, den unbekannten Kontinent wissenschaftlich zu erforschen, nicht zur Teilnahme an einem Wettlauf zum Pol. Er, Scott, wolle diesen Wettkampf nicht, ebenso wenig wie ihn Englands Krone will. Amundsens Präsenz auf der Ross-Platte könne daran nichts ändern, man werde alle Forschungsprogramme wie geplant abarbeiten, sich keineswegs unter Druck setzen lassen. Zudem habe der Norweger den Pol noch lange nicht in seiner Tasche und noch immer den halben Kontinent vor sich. *Wir müssen weitermachen und unser Bestes tun – zur Ehre des Vaterlands! God save the King and the British science explorer!* Das Hurra der Männer klingt eher lustlos, Scott aber nimmt es als Bestätigung seiner Absicht, sich um Amundsen nicht weiter zu kümmern, den norwegischen Einfall in die von ihm beanspruchte Region zu verdrängen. Dass er noch immer glaubt, vor Amundsen am Südpol zu stehen, behält er für sich. Hundegespanne können eine solche Strecke nicht schaffen, davon ist Scott nach wie vor überzeugt.

Seit dem 31. März 1911, seit Pennell mit der *Terra Nova* wieder in Lyttelton eintraf, ist Amundsens geheimes Basislager auf der Rosseisbarriere der Welt entdeckt, steht der Wettlauf zum Südpol im Mittelpunkt des öffentlichen Interesses. Die englische Presse kommentiert Amundsens Handstreich gar als Annexion britischer Forschungspläne. Selbst in Norwegen schlägt die Stimmung um. Benjamin Vogt, Norwegens Botschafter in London, resümiert sorgenvoll, e*s herrscht hier die weit verbreitete Meinung, dass Amundsens Verhalten nicht fair und gentlemanlike ist. Angesichts der jetzt herrschenden Meinung in der Öffentlichkeit sehe ich der Nachricht, dass A. als Erster den Südpol erreicht hat, nicht mit ungeteiltem Vergnügen entgegen.* Sir Clements Markham spricht von einem *schmutzigen Trick* Amundsens und nennt ihn abwechselnd einen Lump und Eindringling; Shackleton urteilt verächtlich, Amundsen *überwintere in Kapitän Scotts Einflussbereich.* Fridtjof Nansen, dessen Wort in England Ge-

10 *Scott beweist aufs neue, dass Mannhaftigkeit in unserem Volk nicht tot ist, dass die Tugenden unserer Vorfahren, die dieses große Weltreich schufen, weiter in uns leben.* (L. Darwin, Mai 1910).

11 ›Cape Evans‹ am 6. Juni 1911. Scott, an der Stirnseite des Tisches, feiert mit Offizieren und Wissenschaftlern seinen Geburtstag.

12 Scott in Polarausrüstung. *Man macht sich Gedanken über die Möglichkeiten von Pelzkleidung, wie sie von Eskimos hergestellt wird ... Für uns kann diese Frage aber nur spekulativ sein, weil es ganz unmöglich gewesen wäre, solche Artikel zu erwerben.*

wicht besitzt, veröffentlicht in der Times ein Plädoyer für seinen Landsmann. *Ich habe mit Amundsen viel zu tun gehabt, und bei allen Gelegenheiten handelte er als Mann; meine feste Überzeugung ist, dass unfaires Handeln in irgendeiner Form seiner Natur völlig fremd ist. Weil er fürchtete, dass seine Gönner ihm raten würden, nicht in die Antarktis zu gehen, beschloss er bei sich, keinem von uns davon zu erzählen ... Und darin hatte er vermutlich Recht ... Er glaubte, er dürfte uns nicht mitverantwortlich machen, und deshalb nahm er die ganze Verantwortung auf sich. Ich glaube, dass er damit sehr mannhaft gehandelt hat ... Was nun die Frage angeht, ob Amundsen ein Recht hat, auf das Gebiet eines anderen Forschers zu gehen, so muss daran erinnert werden, dass die Operationsbasen von Scott und Amundsen weit auseinander liegen.* Die im eigenen Land unterschwellig vorhandene Missbilligung der Fahrt Amundsens in die Antarktis konnte Nansen damit nicht ändern.

Nilsen, als er am 17. April in der Straße von Buenos Aires Anker wirft, ist davon als Erster betroffen. Die *Fram* muss überholt werden und die Mannschaft erwartet ihre Heuer, die Amundsen verdoppelt hatte, als er der Crew seine geänderten Reisepläne in Funchal bekannt gab. Auf dem entsprechenden Konto in Buenos Aires aber ist kein Geld vorhanden, hatte es doch die norwegische Regierung nicht gewagt, das Storting, das Gelder für eine Nordpolexpedition, nicht für ein Antarktisunternehmen gebilligt hatte, zu einer weiteren Überweisung aufzufordern. So bleibt Nilsen nur der Bittgang, der ihm schwer genug fiel. Er wendet sich an einen Landsmann, der 1871 nach Argentinien ausgewandert war, hier sein Glück und als Grundbesitzer einiges Vermögen gemacht hatte. Peter Christophersen, den alle Don Pedro nennen, hatte sich bereits ein Jahr zuvor Amundsen angeboten, ihm, wenn die *Fram* auf dem Weg in die Arktis in Buenos Aires anlegen würde, das Dieselöl für den Schiffsmotor zu finanzieren. Auch Leon Amundsen kabelt aus Christiania eine Bitte um Unterstützung nach Argentinien: *Als mein Bruder vor seiner Abreise von Norwegen Ihr freundliches Angebot erhielt, ahnte er nicht, dass er gezwungen sein würde, es in dem Ausmaß zu nutzen, wie es jetzt notwendig erscheint; er war überzeugt, dass seine Förderer und das norwegische Volk seine Entscheidung, nach Süden zu gehen, mittragen würden, weil er so gute und gewichtige Gründe dafür hatte ... und er glaubte fest, er könnte mit der notwendigen Unterstützung für die Fahrt* rechnen. *In dem Glauben ist er noch heute. Er weiß noch nicht, dass sein Verhalten fast überall missbilligt worden ist. Wenn er das erfährt, wird das sein Ehrgefühl in höchstem Maß verletzen und große Bitterkeit wird ihn überkommen.* Don Pedro sind sowohl die finanziellen Schwierigkeiten der Expedition als auch deren augenblickliches Negativimage bekannt, und doch steht er zu seinem Wort. Er übernimmt alle Kosten für die Überholung der *Fram*, die nach 20 000 Meilen auf See höchst notwendig wurde. Nilsen ist durch die großzügige Geste des Mannes eher beschämt. An Leon Amundsen, den Geschäftsführer des Antarktis-Unternehmens, schreibt er: *Es ist nicht fair, einen Einzelnen so in Anspruch zu nehmen. Natürlich kann man daheim sagen, dass die Expedition in aller Heimlichkeit nach Süden gefahren ist und deshalb sehen soll, wie sie zurecht kommt.*

Nilsens Enttäuschung über die Reaktion der norwegischen Regierung, von der er zu Recht vermutet, dass sie mit Blick auf England getroffen wurde, ist gemildert, als er einen Brief von Fridtjof Nansen in Händen hält, der über die bevorstehende ozeanographische Kreuzfahrt der *Fram* zwischen Südamerika und Südafrika euphorisch urteilt. *Dieser Teil des Ozeans war gewissermaßen eine unbekannte Welt, wo frühere Expeditionen wenig oder nichts von Bedeutung erreicht haben. Es wäre prächtig, wenn Norweger sich auch in diesem Bereich als überlegen erweisen könnten. Außerdem wird damit eindeutig bewiesen, dass die Expedition der Fram nicht nur ein sportliches Glanzstück ist, sondern auch ein wissenschaftliches Unternehmen, das Respekt verdient.*

Am 8. Juni 1911 läuft die *Fram* in den Atlantik aus. Auf dem antarktischen Kontinent toben die Winterstürme.

7. Startvorbereitungen auf dem Rosseis

Jeder Versuch, mich auf das Wettrennen einzulassen, hätte meine Planung zerstört. Ganz abgesehen davon waren wir ja auch nicht zu einem Rennen ausgezogen.

Robert Falcon Scott

Es gibt viele Menschen, welche glauben, dass eine Polarexpedition nur unnützer Verlust an Geld und Leben ist. Mit dem Begriff Polarexpedition verbinden sie in der Regel einen Gedanken an einen Rekord zum Polpunkt... Ich will auf das bestimmteste erklären, dass dieses – der Sturmlauf gegen den Pol – nicht das Ziel dieser Expedition sein wird.

Roald Amundsen

Der Wettlauf zum Pol wird im Kopf entschieden, als Lösung eines logistischen Problems.

Rund 3000 Kilometer müssen vom Kap Evans aus bewältigt werden, 1500 Kilometer hin, 1500 zurück. *Framheim* dagegen, das Basislager der Norweger, liegt etwa 150 Kilometer näher am Ziel; damit verkürzt sich für Amundsen der Marsch um die doppelte Strecke, 300 Kilometer. Ein entscheidender Vorteil, der leicht verspielt werden kann, würde er ihn nicht weiter ausbauen. Amundsen hat dazu seine Pläne schon am Bunnefjord entworfen, nun setzt er sie mit Konsequenz um. 100 Tage will er mit seiner Polmannschaft unterwegs sein, vielleicht einige Tage mehr, am Tag 28 Kilometer vorwärts kommen – durchschnittlich, wenn das Wetter mitspielt und die Hunde. Wie viel Nahrung brauchen acht Männer auf dem Weg zum Pol, wie viel Futter die Hunde? Wie viel Pemmikan, ein aus getrocknetem Fleisch mit geschmolzenem Fett vermischtes, traditionelles Nahrungskonzentrat auf Polarreisen? Wie viel Paraffin ist nötig, sich die Mahlzeiten zu wärmen? Alles hatte er bis in das kleinste Detail geplant, selbst ausreichende Sicherheitsmargen nicht vergessen. Weil er den handelsüblichen Marken eher misstraute, hatte er unter Beobachtung eines Chemikers die entsprechende Menge Pemmikan in einer alten Bäckerei backen lassen, nach eigener Rezeptur. Und weil er auf seiner Fahrt durch die Nordwest-Passage erfahren hatte, wie schnell flüssiges Paraffin aus den sorgsam verschraubten Kanistern sich verflüchtigt, ließ er die Behälter verlöten. Scott wird sich immer wieder über zu geringe Mengen Brennstoff in seinen Depots beklagen, sind doch seine Paraffinfässer, nach überliefertem Muster mit Lederscheiben abgedichtet und verschraubt, fast zur Hälfte leer, wenn er sie öffnet. Abgesehen davon, dass er keine ausreichenden Mengen einlagert.

Am 10. Februar 1911, noch ankerte die *Fram* am Schelfeisrand, bricht er mit drei Männern, drei Schlitten und 18 Hunden auf, um auf dem 80. Breitengrad ein erstes Depotlager einzurichten. Der junge Prestrud läuft auf Skiern den in einer Linie folgenden Schlitten voraus; die Huskys brauchen einen Führer, dem sie hinterherlaufen können. Prestrud hat zudem in der weißen Einöde ein Gespür für die Richtung. Schnurgerade südwärts läuft er, manchmal nur von Helmer Hanssen leicht korrigiert, der hinter dem ersten Schlitten den Leitkompass trägt. Hanssen hatte eigentlich an der Reise mit der *Fram* nicht teilnehmen wollen, Amundsen aber konnte den hervorragenden Hundeführer, den er während der *Gjöa*-Fahrt schätzen lernte, dann doch noch überreden. Er zahlte ihm die doppelte Heuer. Den zweiten Kompass beobachtet Hjalmar Johansen auf dem zweiten Schlitten, ein erfahrener Mann, der schon mit Fridtjof Nansen in der Arktis unterwegs war. Amundsen behält den dritten Kompass im Blickfeld, an seinem Schlitten ist zudem eine Fahrradfelge mit einem Umdrehungszähler montiert, um die zurückgelegten Kilometer zu zählen. Die vier sind überrascht, dass es sich auf dem Schelfeis wie auf jedem anderen Gletscher läuft. Die Temperaturen liegen bei durchschnittlich minus 12 Grad. Amundsen hat nach den Berichten von Shackleton mit großen Schwierigkeiten gerechnet und ist auf angenehme Art überrascht. Wie seine Gefährten fühlt auch er sich in die norwegischen Berge zurückversetzt. *Wir legten 15 geographische Meilen zurück … 11. Februar. Die Hunde ziehen prächtig, und das Fahren auf der Barriere ist ideal. Verstehe nicht, wenn die Engländer sagen, dass Hunde hier nicht verwendet werden können … 13. Februar: Heute hatten wir viel lockeren Schnee. Unser Skilaufen war herrlich. Wie allerdings Menschen (zu Fuß) und Pferde bei diesen Schneeverhältnissen durchkommen wollen, weiß ich nicht, von einem Auto ganz zu schweigen … 15. Februar: Das war eine großartige Leistung von unseren Hunden: gestern 40 geographische Meilen, davon 10 mit schwerer Ladung, und dann heute 51.*

Am 14. Februar erreichen sie den 80. Breitengrad, soweit ihre Berechnungen stimmen, ist doch Amundsen der Theodolit kaputt gegangen, mit dessen Hilfe man den Breitengrad exakt hätte bestimmen können. Sofort nachdem das Depot eingerichtet ist, machen sich die Männer auf den Heimweg. Vielleicht können sie in *Framheim* zurück sein, bevor die *Fram* die Bucht der Wale verlässt. Sie brauchen zwei Tage und kommen doch um zwölf Stunden zu spät. *Es war seltsam, sagt Amundsen, sie nicht mehr dort liegen zu sehen. Wir wurden melancholisch und fühlten uns verloren. Aber die Zeit wird kommen, so hoffte ich, da wir uns nach erfolgreich getaner Arbeit wieder sehen.*

Weitere Vorratslager sollen auf dem 163. Längengrad östlich von Greenwich angelegt werden, auf dem 81., 82., vielleicht auch auf dem 83. Breitengrad. Zuvor muss das Schuhwerk umgearbeitet werden, es sitzt zu fest am Fuß, scheuert Blasen auf und begünstigt Erfrierungen. *Es sieht hier aus wie in einer großen Werkstatt, das Schusterhandwerk scheint zu blühen. Wir müssen unsere riesigen Skistiefel von Andersen (Christiania) umarbeiten. Es zeigte sich, dass sie in der Kälte zu steif sind ... Alles Mögliche – und Unmögliche – wird erprobt.* Die Nähte der schweren Skistiefel werden aufgetrennt, Lederkeile eingenäht. Jeder hat seine eigene Methode und so gut wie keine Erfahrung im Schusterhandwerk. Die Männer werden monatelang an ihrem Schuhwerk herumwerkeln, den ganzen kommenden Winter hindurch nach immer besseren Lösungen suchen. Am 22. Februar ziehen die Norweger wieder südwärts, acht Männer, sieben Schlitten, 42 Hunde, und wieder führt Prestrud den wie aufgefädelt in einer Spur fahrenden Tross als Vorläufer an. Später löst ihn Norwegens Skimeister Olav Bjaaland ab. Als sie am Morgen des dritten Tages aus ihren Zweimannzelten kriechen, schlägt ihnen ein Schneesturm entgegen. *Ehe die Sonne aufgeht, kann man nicht wissen, wie der Tag wird,* reagiert Amundsen trocken, obwohl zu dieser Jahreszeit innerhalb des Polarkreises die Sonne nie unter dem Horizont verschwindet. Die Zelte werden zusammengepackt und auf die Schlitten verladen. Die Fahrt geht weiter, die Hunde leiden. Fünf Wochen auf dem Schelfeis haben nicht ausgereicht, die Tiere zu akklimatisieren. Ein Sturm kann ihnen nichts anhaben, sie klappen eine Art Schneebrille, ein inneres Augenlid, über den Augapfel und sind gegen das Wetter gut geschützt; doch die Laufhaut an den Pfoten ist noch nicht hart gewachsen, wenig widerstandsfähig, und scharfkantige Schneerillen schneiden den Fußballen auf. Gegen

Abend, wenn die Zelte aufgerichtet werden, müssen die blutenden Pfoten der Huskys versorgt werden.

Am fünften Tag erreichen sie das erste Depot beim 80. Grad. Der Schneesturm hat sich gelegt, dafür fällt die Temperatur auf minus 40 Grad. Die Männer sind zu warm angezogen und kommen ins Schwitzen, wenn sie auf Skiern neben den Gespannen herlaufen. Der Schweiß kondensiert und gefriert; die äußere Kleidung wird von Raureif überzogen. Abends im Zelt halten sie ihre steif gefrorenen Anoraks über den Primus-Kocher, um sie für den kommenden Tag wieder tragbar zu machen.

Am 3. März erreichen sie den 81. Breitengrad und legen ein zweites Depot an. Bjaaland, Hassel und Stubberud kehren mit den schwächsten Hunden um, die anderen ziehen weiter. Auch Sverre Hassel, wie Hanssen ein brillanter Hundeführer, wollte an dieser Expedition nicht teilnehmen. Er hatte wenig Verständnis für eine Route, die um Südamerika herum zum Nordpol führen sollte, den Huskys gleich zweimal die Äquatorhitze zumutete. Und doch hatte Amundsen ihn, im Interesse der Hunde, überreden können, wenigstens bis San Francisco auf der *Fram* mitzufahren. Hassel willigte ein und fand sich plötzlich, statt unter der Sonne Kaliforniens, in der Antarktis wieder. Sverre Hassel wird seinem Chef diese Form betrügerischen Menschenraubs nie vorwerfen.

Amundsen will den 83. Breitengrad erreichen, doch die Bedingungen werden extrem, selbst für kälteerfahrene Norweger überaus hart. Johansen notiert am 6. März in sein Tagebuch: *Heute 16,5 Meilen zurückgelegt; der letzte Teil des Wegs dauerte schrecklich lange. Die Hunde mussten mit der Peitsche angetrieben werden.* Am folgenden Tag werden nur noch 13 Meilen zurückgelegt. *Die Hunde des Chefs sind die schlechtesten; sie lassen sich von der Peitsche nicht mehr beeindrucken und legen sich einfach hin.* Einer der Hunde steht nicht mehr auf, wird auf einen Schlitten geworfen und ist innerhalb weniger Stunden gefroren. Abends zerstückelt Johansen den Kadaver mit Beilhieben, wirft die Stücke den anderen zum Fraß vor. Auch diese Art Hundeverpflegung hat Amundsen geplant, den Kannibalismus der Tiere. Die schwächsten müssen den starken als Futter dienen, damit kann die Mannschaft das Gewicht der Schlitten reduzieren, um die Marschgeschwindigkeit zu erhöhen. Und wie die Männer die Hunde nicht schonen, schonen sie sich selbst nicht. Das Quecksilber in den Thermometern ist längst gefroren und der Atem brennt in der Kehle. Wenn die Skibindung sich lockert oder löst, muss sie mit steif gefrorenen Fingern festgezogen werden. Die Frostblasen an den Fingerspitzen platzen auf, die Gesichtshaut wird wund vor Kälte. Der Marsch ist schon lange nicht mehr ein fröhlicher Skiausflug in Norwegens Bergwelt. Amundsen läuft mit schmerzverzerrtem Gesicht neben seinem Schlitten, klagt seit Tagen über Schmerzen, Hämorrhoiden. Jeder Schritt ist eine Tortur und wenn er seine Notdurft verrichtet, möchte er schreien. Er bleibt stumm. Er muss den 83. Breitengrad erreichen, um sein drittes Depot einzurichten. Erreicht er ihn nicht, scheint ihm das ganze Unternehmen gefährdet, und noch sind 25 Kilometer bis zum 82. zurückzulegen. Die Fünf fluchen in sich hinein, reagieren gereizt aufeinander und kriechen erschöpft in die Zelte, früher als gewöhnlich. Nichts geht mehr, Amundsen muss es einsehen: *Ich habe mir vorgenommen, das Depot am 82. Breitengrad anzulegen. Es lohnt sich nicht, weiter nach Süden vorzustoßen.* Anderntags erledigen sie den Rest, 25 Kilometer, aber ein Grad weniger als beabsichtigt, doch das Äußerste des Machbaren, *das Äußerste, was die Hunde schaffen konnten. Die armen Tiere waren völlig erschöpft. Es ist meine einzige dunkle Erinnerung an da unten, dass die schönen Hunde derartig kaputt waren. Ich hatte sie überfordert. Mein einziger Trost ist, dass ich mich selbst auch nicht geschont habe.* Die Männer empfinden die Tour als Niederlage, eine Depotfahrt, die acht Hunde das Leben kostete, als Fiasko. Ehe die Gruppe zur Rückfahrt rüstet, soll jeder seine Meinung zu dem Unternehmen frei heraus äußern, sagt Amundsen. So sitzen die Männer in einem der beiden Zwei-Mann-Zelte dicht beieinander und keiner will der Erste sein. Dann spricht Johansen und es ist, als spräche Fridtjof Nansen aus ihm. Die Schlafsäcke taugen nichts, sagt er, und dass er damals, als er mit Nansen auf dem Eis der Arktis unterwegs war, den Doppelschlafsack schätzen gelernt habe. Amundsen hat solche Worte erwartet. *Ich habe in den verschiedensten Zelten geschlafen, auch ohne Zelt übernachtet, aber dieses Zelt ist das schlechteste, und das gilt auch für die Kocheinrichtung.* Johansen weiß, wovon er spricht. Fünf Männer teilen sich zwei kleine Zelte; in einem wurde zudem gekocht, in dem anderen gegessen. *Das Ergebnis war, dass die Mahlzeiten beinah der schlimmste Teil des Tages sind. Wir müssen das Essen von einem Zelt ins andere tragen, und das Pemmikan ist kalt, ehe*

wir es im Mund haben. Und dann bekommen wir Durst, aber es ist nur
wenig Wasser da, und das auch nur im Kocher im anderen Zelt. Wenn
wir die eigentliche Fahrt schaffen wollen, muss vieles von Grund auf ge-
ändert werden.

Amundsen lässt Johansen aussprechen. Er weiß, dass der Mann
Recht hat und wird die Zelte umarbeiten lassen. Und doch empfindet er die Argumente als Angriff, sieht er doch hinter Johansen, der
durchaus das Zeug zum Leiter einer eigenen Expedition hat, den
Schatten des anderen. Nansen hatte, als er die *Fram* dem Jüngeren
übergab, ihm Johansen wie ein Kuckucksei ins Nest gelegt, den besten Mann im Eis gleichsam an die Seite gestellt. 1896 hatte die Welt
Nansen und Johansen als kühne Polarforscher gefeiert, später sprach
sie nur noch von Nansen. Hjalmar Johansen dagegen, bärenstark in
der Polarregion, ein Kamerad in Eis und Kälte, wie man sich ihn nur
wünschen kann, war dem Lebensalltag auf festem Land nicht gewachsen. Kein Mann für die ihm öde Wärme der Stube, eines Büros
oder einer Ehe, sehnte er sich aus Norwegen zurück in die Klarheit
der Eisregion. Er war nicht der erste und nicht der einzige Polarfahrer, der sich jenseits der Kälte nur in Wirtshäusern geborgen fühlte,
wo es stets Zechkumpane gibt, die den Erzählungen eines ehemaligen Helden geduldig zuhören. Nansen wollte dem Mann, der ihm
während des Marsches über das arktische Eis das Leben gerettet
hatte, wieder auf die Beine helfen, eine Chance geben. Und Amundsen hatte dem Wunsch seines Gönners entsprechen müssen, ob-
gleich er Schwierigkeiten voraussah. Ein Trinker konnte für das gesamte Unternehmen zu einer Gefahr werden; entscheidender für
Amundsen jedoch war, dass er fürchten musste, Johansen würde die
eigene Autorität bedrohen. Irgendwann würden beide aneinander
geraten, Amundsen wusste das und wusste auch, dass er Nansens
Mann zum Pol nicht mitnehmen würde. Doch dafür brauchte es
einen Anlass, den Johansen bisher nicht bot, der den Leiter der Expedition vor den Männern zudem nicht ins Unrecht setzte. *Amund-*
sen äußerte sich dahin, dass vom 82. Breitengrad ab die Anzahl der
Männer möglichst niedrig, die der Hunde möglichst hoch sein sollte.
Nach diesem Prinzip solle man sich richten. Als Johansen Amundsens
Schlussfolgerung aus der Fahrt zum 82. Breitengrad in sein Tagebuch
notiert, weiß er, dass der Chef Recht hat, nicht aber, dass Amundsen
ohne ihn zum Pol aufbrechen wird.

Am nächsten Morgen treten die Männer die Heimfahrt an, es ist stürmisch und kalt, 30 bis 40 Grad Frost. Die Hunde laufen gut und auch die Männer sind nach der Aussprache wie verwandelt. Bald färbt sich der Himmel dunkel; ein sicheres Zeichen, dass das Ross-Meer nicht mehr weit entfernt liegt, und der Rückweg wird zur ausgelassenen Schlittenfahrt. Am späten Nachmittag liegt die Bucht der Wale vor ihnen. *Bis zur kleinsten Kleinigkeit liegt alles so da wie vorher.* Amundsen ist erleichtert.

Über 12 Tonnen Vorrat waren mehr als 380 Kilometer südwärts zwischen dem 80. und dem 82. Breitengrad auf drei Depots verteilt, Hundenahrung für drei Monate, 110 Liter Paraffin, reichlich für 200 Tage. Aber bevor die Sonne auf Monate hinaus unter dem Horizont verschwindet, will Amundsen eine weitere Tonne Seehundfleisch zum ersten Depot bringen, Frischfleisch für die Hunde. Wollen sie vor Einbruch der polaren Dunkelheit zurück sein, müssen sie in den nächsten zehn Tagen aufbrechen. Innerhalb einer Woche nähen Hassel und Wisting die Zweimann-Zelte zu Vier- und Fünfmann-Zelten zusammen. Oscar Wisting, er besitzt das Steuermannspatent und ist vor Island auf Walfängern unterwegs gewesen, ist in der Mannschaft so etwas wie der Sanitäter für Notfälle. Auf Amundsens Empfehlung hin musste er vor der Reise Lehrgänge über Zahnmedizin und Chirurgie in mehreren Krankenhäusern absolvieren. Wisting ist ein Mann, wie ihn Amundsen braucht, praktisch und geschickt in vielen Dingen, vor allem bedingungslos seiner Autorität ergeben.

Wieder werden die Schlitten beladen und erneut zieht die Karawane südwärts über die weiße Einöde des Schelfeises, auch um die Route noch besser zu markieren. Diesmal ohne Amundsen, der noch immer an Hämorrhoiden leidet. Er überträgt Johansen das Kommando über die Crew und bleibt in *Framheim* mit Lindström zurück, der ihn nach den drei gemeinsamen Jahren auf der *Gjöa* noch immer zu überraschen versteht, *ein tüchtigerer Mann hat nie Polarregionen betreten. Ich hoffe zutiefst, dass ich eines Tages etwas für ihn tun kann. Er hat für die norwegische Polarforschung mehr und Besseres getan als irgendjemand sonst. Wenn doch die guten Norweger – mein Gott, wie dankbar muss man für eine solche Mannschaft sein – das irgendwann einmal begreifen würden.*

Zehn Tage später ist die Gruppe wieder zurück, drei Tage später als erwartet. Im Nebel waren die Männer in ein Eisspaltenlabyrinth geraten und hatten dabei zwei Hunde verloren. Beide Leithunde waren auf einer Schneebrücke eingebrochen, das Geschirr war gerissen und sie waren in den Abgrund gestürzt. Zwei Tage hatten sie gebraucht, um aus dem Gelände voller Abgründe und Spalten herauszufinden. Zum 80. Breitengrad hatten sie außer einer Tonne Seehundfleisch weitere 165 Liter Paraffin und andere nützliche Vorräte transportiert, sodass dort insgesamt zwei Tonnen Versorgungsgüter lagerten.

Amundsen kann mit den Vorbereitungen auf dem Rosseis zufrieden sein, so gründlich ist in der Geschichte der Antarktis-Forschung noch kein Angriff auf den Pol vorbereitet worden. Meile für Meile war der ganze Weg bis zum 80. Breitengrad mit Wimpelstangen und Schneepyramiden markiert. *Morgen feiern wir das Ende der Herbstarbeit, und wir können das wirklich mit gutem Gewissen feiern. Danach kommt Ostern und da können wir uns die ganze Woche lang ausruhen.*

Dass er während der letzten Tage immer wieder an Scott denken musste und an die englischen Motorschlitten, wissen die anderen nicht.

Inzwischen sind auch die Engländer im McMurdo-Sund mit Depot-Reisen beschäftigt, ohne jedoch einem exakten Plan zu folgen. Scott, wie schon während seiner Fahrt mit der *Discovery*, setzt auch diesmal auf Improvisation an Ort und Stelle und hat dazu weder Talent noch ausreichende Erfahrung. Mit der *Terra Nova* war er aus dem milden England in den kalten Sund gekommen, ohne dass er eine brauchbare Strategie für den Marsch zum Südpol mitgebracht hätte. Er schickt eine Forschergruppe westwärts ins Viktoria-Land, eine andere mit der *Terra Nova* ostwärts zur Erkundung des Edward VII.-Lands; den Weg südwärts behält er sich vor. Darüber weiß er nur, was er in Shackletons Reisebericht gelesen hat, und dass er seinen Rivalen übertreffen will. Dafür hat er alles Material – Mensch, Tier und Technik – auf dem weißen Kontinent ausgeladen. Doch die Antarktis ist kein Ort für Materialschlachten; Scott muss es immer wieder erfahren, schon im Januar 1911, als das Eis vor Kap Evans brach und die Engländer alle Mühe haben, ihr Hauptquartier tiefer im McMurdo-Sund wieder aufzubauen, am *Hut Point*.

Scott reagiert, wo er improvisieren will, und stolpert in eine psychologische Zwangslage. Er empfindet unvorhergesehene Klimaverschlechterungen als Affront, wie er überhaupt die Natur als eine dem Menschen entgegengesetzte, unberechenbare Kraft interpretiert. Hatte nicht das Packeis der *Terra Nova* tagelang die Durchfahrt in das Ross-Meer versperrt? Und hatte sich nicht unter dem ersten Motorschlitten, den seine Männer entluden, das Meereis geöffnet, den Schlitten verschluckt? Und dann die Angriffe der Wale mit ihren schwarz-weiß gezeichneten Köpfen, der Killerwale, die sich, auf der Jagd nach Robben, aus dem Wasser schnellend auf die Eisschollen werfen, um sie zum Kippen zu bringen. Herbert Ponting wäre um ein Haar von ihnen gefressen worden. Ponting, der an der ersten professionellen Foto-Reportage über die Antarktis arbeitete, hatte eines Morgens am Rande des Eises vorbeiziehende Killerwale fotografiert. Die Wale tauchten unter die Eisscholle und stießen so heftig dagegen, dass jenes Stück, auf dem der Fotograf stand, abbrach. Ponting entkam ihnen, von Scholle zu Scholle springend, nur durch größte Geschicklichkeit. *Welche Ironie des Schicksals, von einem Killerwal gefressen zu werden, weil der glaubt, der Mann sei eine Robbe, und dann ausgespuckt zu werden, weil er nur ein Fotograf ist,* resümierte der Geologe Campbell das Ereignis lachend. Scott, dem Kommandanten, dagegen schien es ein weiteres Indiz, dass er auf der *terra incognita* gelandet war, sich die Natur zu unterwerfen. Auch darin unterschied er sich von Amundsen, der den Pol erobern, nicht jedoch besiegen, sich in einer unwirtlichen Geographie einrichten wollte. Der Norweger respektierte die *terra incognita*; der Brite kam als Krieger, gegen Eis, Schnee und Kälte mit Ponys, Hunden und Motorschlitten gepanzert, als zögen er und seine Männer in eine letzte Schlacht, deren Ausgang schon entschieden war, ehe sie begann.

Ende Januar, nachdem beide Lager, Kap Evans und Hut Point, eingerichtet sind, teilt Scott seinen Männern mit, dass er beabsichtige, *mit Proviant für Mensch und Tier innerhalb von fünf Wochen weiterzuziehen, ein Vorratslager für 2 Wochen anzulegen und nach 12 oder dreizehn Tagen zurückzukehren.* Während Amundsen vom 80. bis zum 82. Breitengrad drei Depots anlegt, will Scott nur ein einziges Hauptdepot am 80. Breitengrad errichten, sich später auf Nachschub- und Hilfsgruppen stützen, die ihn einen Teil des Weges begleiten oder ihm entgegenkommen sollen, wenn er vom Pol zurückkehrt. Das Unternehmen wird zum Fiasko. Gran, der sich vergeblich müht, den Engländern die Vorteile der Skier in diesem Gelände zu verdeutlichen, notiert in sein Tagebuch: *Von einem bin ich überzeugt, wir müssen schon Glück haben, wenn wir im nächsten Jahr den Pol erreichen wollen.* Weil es für unmöglich gehalten wird, ein Pony auf Skiern zu führen, muss auch Skilehrer Gran auf Anweisung von Scott zu Fuß durch den Schnee waten, seine Skier auf einen Schlitten verpacken.

Schwerfällig bewegt sich der Tross zur Anlage des ersten Vorratslagers südwärts. Jeden Morgen ziehen zuerst die schwer beladenen Ponys los, weil sie langsamer als die Hundeschlitten vorankommen. Immer wieder bleiben die Tiere im Neuschnee stecken, und Rittmeister Oates, verantwortlich für die Pferde, hat mit seinen Männern viel Arbeit, um die Ponys aus der kalten Umklammerung zu befreien. Die Hunde werden später auf den Weg geschickt, damit sie und die Pferde zur gleichen Zeit am nächsten Haltepunkt eintreffen. Mühsam versucht Scott, die allmorgendlich auftretende Verwirrung seiner Leute beim Aufbruch zu beherrschen, Missverständnisse zwischen Pferde- und Hundeführern auszuräumen. Seine Anweisungen und Befehle werden vom nächsten Schneesturm weggefegt. Die Ponys können bei Sturm nicht laufen, stehen mit gesenkten Köpfen schutzlos der Kälte ausgesetzt im Schnee. Die Männer reiben die Tiere immer wieder mit Stroh ab; das ist längst schon nass. Und während die Ponys auf das Ende des Sturms warten, werden sie von den Hunden überholt und der ganze Tageszeitplan gerät durcheinander. An manchen Tagen, wenn der Sturm noch vor dem geplanten Aufbruch einsetzt, gibt Scott den Befehl, in den Zelten zu bleiben und besseres Wetter abzuwarten. Die Temperaturen steigen, es regnet oder Nebel liegt über dem Schelfeis. Dann kriecht die Nässe durch alle Ritzen und durch das dichte Fell der Ponys, da mag Oates seine Tiere so oft abreiben, wie er will, er reibt die von Hunger, Kälte und Nässe geschwächten Pferde doch nicht gesund. Die schwächsten Tiere zu töten und als Futter für die Hunde oder als Nahrung für Menschen ins Depot zu legen, lehnt Scott entschieden ab. Nach vierundzwanzig Tagen, bei 79 Grad, 28 Minuten südlicher Breite, geht für Mensch und Tier nichts mehr. Weary Willie, das von Gran geführte Pony, kann sich vor Erschöpfung nicht mehr aufrichten. Oates schlägt vor, es zu erschießen und bis zum 80. Breitengrad weiterzuziehen. *Ich bin nicht bereit, gegen mein Gefühl zu handeln, bloß um voranzukommen. Bedauern Sie das oder nicht, mein lieber Oates,* antwortet Scott, *ich habe mich entschlossen, als Christ.* Er gibt Befehl, Weary Willie aufmerksam zu pflegen und das Depotlager an Ort und Stelle einzurichten. Eine verhängnisvolle Entscheidung, die den Christen Scott und andere das Leben kosten wird. Auf dem Rückmarsch stirbt Weary Willie.

Vier Wochen waren sie von Kap Evans bis zum 79. Breitengrad unterwegs, auf dem sie das so genannte Eintonnen-Depot anlegen, vor ihrem eigentlichen Ziel. Amundsen hatte den 80. Breitengrad nach 5 Tagen erreicht und war in 2 Tagen wieder in Framheim zurück. Die durchschnittliche Marschgeschwindigkeit des englischen Depotunternehmens, in eine Pony- und eine Hundeabteilung gespalten, lag um knapp 60 Prozent hinter der Leistung der Norweger zurück. Dreizehn Mann hatten einen Monat lang gekämpft, um eine Tonne Nachschub bis in die Nähe des 80. Breitengrades zu bringen. Dagegen hatten acht Norweger und fünfzig Hunde drei Tonnen um zwei Grad näher an den Südpol herangebracht. Gran notiert in sein Tagebuch: *Unsere Mannschaft ist aufgespalten und wir gleichen einem besiegten, enttäuschten und untröstlichen Heer.*

Scott hat von Amundsens Depotreisen nichts wissen können. Hätte er es gewusst, würde er seine Strategie um nichts geändert haben. Hunde können den Weg über das Schelfeis und über die Gletscher hinauf auf das polare Hochplateau nicht durchhalten; von solcher Fehleinschätzung lässt er sich nicht abbringen. Amundsen zudem ist nicht sein Maßstab; Scott will sich an Shackleton messen, seinem eigentlichen Rivalen. Ihn zu überbieten bedeutet, den Pol zu erreichen, den von Shackleton unerledigten Rest zu erledigen. Einzig der durchschrittene Weg zählt, nicht die Geschwindigkeit, mit der er durchlaufen wird. Deutlicher kann Scotts Weigerung, sich mit Amundsen auf einen Wettlauf zum Südpol einzulassen, nicht beschrieben werden.

Weary Willie ist nicht das einzige Pferd, das Scotts Depotreise nicht überlebt. Sieben Tiere sterben, sieben von acht. Zurückgekehrt in die *Discovery*-Hütte *Hut Point* verhindert Eisbruch den weiteren Rückzug nach Kap Evans. Wieder empfindet Scott die Natur als feindselig; er muss warten, dass das Meer zufriert. Das Warten ist ihm in der Kadettenanstalt nicht beigebracht worden und der Kommandant des Unternehmens zeigt sich gleichermaßen mürrisch wie nervös. *Ich halte das Warten nicht mehr aus, aber in der Haupthütte bin ich genauso ungeduldig. Es ist entsetzlich, still dazusitzen und über den Zusammenbruch des Transports nachzudenken. Der Pol ist so weit weg!* Drei Wochen wartet er mit seinen Männern in *Hut Point*, dann hält er es nicht mehr aus und stürzt sich gegen alle Vernunft in den Kampf mit der Natur. Er befiehlt den Marsch nach Kap Evans über das dünne Herbsteis. Ein Hasardspiel mit der Tragfähigkeit der vorhandenen Eisdecke und der Kraft des Windes, die die Crew ins Meer hätte treiben können. Die Männer haben Glück und kommen durch. Um Haaresbreite.

Am 21. April 1911 geht die Sonne über *Framheim* für die nächsten vier Monate unter und alle im Lager wissen, was sie zu tun haben. Um 7.30 Uhr weckt Lindström die anderen zum gemeinsamen Frühstück, die Arbeit beginnt um neun und wird um 11.30 Uhr für eine zweieinhalbstündige Mittagszeit unterbrochen. *Meistens hatten wir viel zu besprechen – und wenn nicht. Stille ist nicht deprimierend. Wir mögen es gern und finden es erholsam, zu schweigen.* Ab 14 Uhr wird bis 17.15 wieder gearbeitet; 7 ¼ Stunden täglich, sechs Tage die Woche. Jeweils um acht Uhr, um 12 und 20 Uhr werden meteorologische Messungen protokolliert, nicht jedoch während der Nacht, obwohl der wissenschaftliche Wert dieser Messungen dadurch fragwürdig wird. *Unser Ziel ist einzig und allein, zum Pol zu gelangen, und dafür muss alles andere zurücktreten. Wenn wir nachts eine Beobachtung durchführten, müsste die ganze Zeit über Licht brennen. Da wir nur einen einzigen Raum haben, würde das die meisten stören und uns allen damit schaden. Worum es mir geht, ist, dass wir alle den Winter über in jeder Beziehung vernünftig leben. Wir müssen gut schlafen und essen, damit, wenn das Frühjahr kommt, wir in guter körperlicher und geistiger Verfassung sind, um uns zu dem Ziel durchzukämpfen, das wir um jeden Preis erreichen müssen.*

Der eine Raum aber ist mit Teppichen ausgelegt und nur in Socken zu betreten, an den Wänden hängen Bilder, Norwegens Fahne und einiges Kartenmaterial. Hier hat jeder genügend Platz für sein Bett und seinen Spind. Eine Ölofenheizung, neueste Errungenschaft der Zivilisation, heizt das Basislager auf angenehme 20 Grad. Späteren Antarktisstationen wird *Framheim* zum Vorbild. Aus dem Schnee geschaufelte oder in das Eis gehauene Tunnelsysteme verbinden unterschiedliche Materiallager, Vorratsräume und Werkstätten mit dem Wohntrakt oder den in schneegesicherten Rundzelten untergebrachten Schlittenhunden. Es gibt ebenso eine Waschküche wie eine ohne alle Anstrengung sauber zu haltende Toilette. *Zugegeben, wir haben kein Wasser, dafür aber haben wir die Hunde, die den Nachtdreck schnell und vollkommen beseitigen.* Durch einen an die Oberfläche führenden Schacht hatten die Huskys, die Dreckverwerter, freien Zugang zu der Senkgrube. Mehr als einhundert Hunde halten die Grube sauber. Amundsen versteht es glänzend, natürliche Abläufe, die er beobachtet, zu nutzen.

Vier Monate verbringen die Norweger in diesem System aus Schneegräben und Tunneln ohne Müßiggang. Wieder werden die Stiefel ausgebessert, einzelne Kleidungsstücke; die Zelte erhalten einen Boden – auch das eine *Framheim*-Erfindung. Die vorhandenen Schlitten sind zu schwer, ihre Kufen und andere Holzteile werden abgehobelt und wiegen statt 50 nur noch 35 Kilogramm; für jeden wird ein zweites Paar Skier hergestellt. Es gibt genug zu tun, das Material für den Marsch zum Pol nach bestem Wissen vorzubereiten, und es stört die Bewohner des Basislagers wenig, dass nachts die Temperatur auf dem Schelfeis unter minus 50 Grad fällt. Jeden Morgen serviert Lindström heiße Pfannkuchen mit eingemachten Blau- und Torfbeeren, dem traditionellen norwegischen Antiskorbutmittel. Zweimal am Tage, mittags und abends, kommt Seehundfleisch auf den Tisch, schmackhaft und nahrhaft zugleich zubereitet. Den Winter hindurch bauen Amundsens Leute einen Vitamin C-Vorrat in sich auf, sie essen Vollkornbrot, mit Weizenkeimen angereichert und mit frischer Hefe gesäuert. Eine einfache, doch nahrhafte und natürliche Kost. Alles wird durch das große Ziel bestimmt, vor den Engländern den Südpol zu erreichen.

Die Stimmung ist gut in *Framheim*, kameradschaftlich, und Johansens kritische Worte scheinen vergessen. Gegen Ende des polaren Winters aber wird Amundsen ungeduldig, als könne er das Frühjahr nicht erwarten. Sverre Hassel weiß den Grund: *Der Gedanke an die Engländer ließ ihm keine Ruhe. Denn wenn wir nicht die Ersten werden, hätten wir ebenso gut zu Hause bleiben können.* Amundsen reagiert auf Kleinigkeiten gereizt, manchmal springt er auf dem Eis herum, die Festigkeit des Schelfs zu prüfen, oder es treibt ihn in die Dunkelheit hinaus, weil er glaubt, Motorschlitten zu hören. In seinem Tagebuch setzt er sich immer wieder mit Shackleton auseinander, doch seine Gedanken sind bei dem anderen, bei Scott. *11. Juli – Entweder müssen die Engländer schlechte Hunde gehabt oder nicht verstanden haben, mit ihnen umzugehen … wenn Shackleton angemessen ausgerüstet gewesen wäre, mit Hunden, Fellanzügen und vor allem mit Skiern, dann wäre das Kapitel Südpol jetzt abgeschlossen. Ich bewundere im höchsten Grad, was er und seine Leute mit der Ausrüstung, die sie hatten, geschafft haben. Mut, Zielstrebigkeit und Kraft haben ihnen nicht gefehlt. Etwas mehr Erfahrung – vielleicht eine Fahrt durch das viel schwierigere arktische Eis – und ihre Arbeit wäre mit Erfolg gekrönt gewesen. Die Engländer haben der Welt laut und offen erzählt, dass Skier und Hunde in diesen Regionen wertlos, Anzüge aus Fell Unfug sind. Wir werden ja sehen.*

Mit Erstaunen erleben die Norweger, dass ihr Chef an allem zu zweifeln beginnt, unangemessen auf Kleinigkeiten reagiert, sich öfters aus der Gemeinschaft zurückzieht. Amundsen steckt in einer persönlichen Krise, aus der es einen Ausweg nur gibt: den Aufbruch zum Pol. Er kann ihn kaum noch erwarten.

Auch am anderen Ende der großen Eisbarriere, auf Kap Evans, wachsen die Spannungen zwischen den Männern und Scott hat sein stetes Lächeln lange schon verloren. Zwar leben die Briten, mit Grans Worten, *fürstlich mit Dingen, die selbst in der Zivilisation als Delikatessen angesehen werden,* doch sitzt zu jeder Mahlzeit der Schatten eines ungebetenen Gastes mit am Tisch. Einer sagt, was alle denken: *Amundsens Chancen sind beachtlich besser als unsere. Sie sind 60 Meilen näher am Pol als wir und können direkt auf den Pol zusteuern, während wir erst um die Inseln herum müssen.* Alle, nur Robert Falcon Scott nicht. *Ich möchte noch einmal wiederholen, dass diese Expedition ihre Pläne fasst und ihre Arbeit durchführt, als existiere Amundsen nicht.*

Teddy Evans, der Retter der *Terra Nova,* schlägt vor, alle Kräfte der Expedition auf den Südpol zu konzentrieren, nicht einzelne Abteilungen westwärts oder ostwärts auf wissenschaftliche Erkundungsfahrten zu schicken. England wolle die Fahne des Königs am Pol aufgepflanzt sehen, sagt Evans. Keine schlechte Idee, doch Scott reagiert darauf wie auf den Versuch einer Meuterei, lehnt den Vorschlag eines ihm Untergebenen ab, er sei entsandt worden, einen unbekannten Kontinent zu erkunden, nicht allein darum, südwärts zu marschieren. Und doch hängt von diesem Marsch seine Beförderung ab. Konteradmiral würde er werden, wenn alles gut ginge, er als Erster den Pol erreichen würde.

Scott zieht sich mehr und mehr in die Befehlsstrukturen der britischen Kriegsmarine zurück. Die Distanz zwischen ihm und den Männern wächst, wie seine Einsamkeit. Die Hütte auf Kap Evans ist in der Mitte durch eine Wand aus Packkisten in einen Offiziers- und einen Mannschaftsraum getrennt, da kann sich ohnehin ein Gefühl der Gemeinsamkeit nicht einstellen. Auch nutzt Scott die Wintermonate weniger für letzte notwendige Marschvorbereitungen, überlässt seine Männer eher sich selbst. Wie einst auf der *Discovery* spielt man Fußball, druckt ein Journal *The South Polar Times* und trifft sich zu abendlichen Diskussionsrunden über alle möglichen Themen, die in den wenigsten Fällen mit der Polarregion zu tun haben. In dieser Universitas antarctica findet er gelegentlich sein Lächeln wieder und gleichermaßen unter den Wissenschaftlern der Expedition Anerkennung. *Hier ist kein Kenner irgend eines Fachs, der nicht gern mit ihm diskutiert.* Über die Realität in Eis, Schnee und Kälte diskutiert der Kommandant der britischen Antarktisexpedition nicht.

Am 27. Juni unternimmt eine kleine Gruppe um den Zoologen Wilson, der Scott auch diesmal begleitet, eine Erkundungsfahrt, um das Ei eines Kaiser-Pinguins in einem bestimmten Brütestadium zu holen. Die Schlitten ziehen sie selbst, weil keiner von ihnen mit Skiern umzugehen versteht, an manchen Tagen kommen sie nur ein bis zwei Meilen weiter. Nach fünf Wochen bei vierzig und fünfzig Grad Kälte kehrt die Gruppe mit dem Ei und steinhart gefrorenen Anzügen nach Kap Evans zurück. *Man macht sich Gedanken über die Möglichkeiten von Pelzkleidung, wie sie von Eskimos hergestellt wird, und wird dabei das Gefühl nicht los, dass sie unsere zivilisierte Kleidung vielleicht übertrifft. Für uns kann diese Frage aber nur spekulativ sein, weil es ganz unmöglich gewesen wäre, solche Artikel zu erwerben.* Am 9. September brechen Teddy Evans, Tryggve Gran und der Matrose Forde zu einer kleineren Depotfahrt auf. Und wieder spannen sich Männer vor den Schlitten. Sie schaffen in 24 Stunden ohne

Pause 63 Kilometer. Auch Scott legt sich das Zuggeschirr um, unternimmt einen Ausflug in die Westberge, zieht einen Schlitten, gemeinsam mit drei Gefährten, etwa 270 Kilometer westwärts und zurück durch den Schnee. Nicht alle verstehen die Neugier ihres Kommandanten, der die Gletscherformationen des Viktoria-Landes fotografieren will. *Es ist uns nicht ganz klar, warum sie losgezogen sind und was sie eigentlich machen wollen,* heißt es dazu in einer Tagebuchnotiz.

Am 10. September gibt Robert Falcon Scott seinen endgültigen Plan zur Eroberung des Südpols bekannt. Mitte März will er mit seiner Mannschaft vom Pol wieder in Kap Evans zurück sein, zu einem Zeitpunkt, der gefährlich nah am einbrechenden Polarwinter liegt. Amundsen plant seine Rückkehr nach *Framheim* für Anfang Januar, in der späten Sommerzeit. Scott plant seine Marschtabelle ohne ausreichende notwendige Sicherheitsmargen. Niemand widerspricht ihm. *Alle waren begeistert. Obwohl die Leute einzelne Punkte des Plans lange erörterten, wurde nicht ein einziger Verbesserungsvorschlag gemacht. Alle scheinen volles Vertrauen in unser Projekt zu haben; jetzt muss unser Spiel nur noch zu Ende gespielt werden.*

Das Spiel aber ist schon entschieden.

8. Der Weg oder
Die hohe Kunst des Pragmatismus

Es ist gut, sich darzustellen ... die Forschertradition unseres Volkes fortzuführen und zu beweisen, dass der alte Unternehmungsgeist in uns weiterlebt.

Robert Falcon Scott

Eine Reihe von Leuten scheint über unsere Tätigkeit hier unten entrüstet zu sein – eine Verletzung der Etikette? Sind diese Leute wahnsinnig? Ist der Pol etwa einzig und allein Scotts Angelegenheit? Diese Idioten sind mir völlig gleichgültig.

Roald Amundsen

Seine Unruhe kann er nicht beherrschen. Die Motorschlitten der Engländer dröhnen in seinem Kopf, geben ihm keine Ruhe. Amundsen ist wie der Tiger im Käfig gefangen und längst schon zum Sprung bereit. Früher als geplant will er zum 83. Breitengrad aufbrechen, Iglus errichten und auf die Mitternachtssonne warten, dann wieder einen Vorstoß ins unbekannte King Edward VII.-Land wagen, die Ausrüstung testen.

Seine Vorschläge werden diskutiert und abgelehnt, dann legt er sich endgültig fest. Mit der Rückkehr der Sonne am 24. August werden sie aufbrechen. Über diesen frühen Zeitpunkt lässt er keine Diskussion mehr zu. Der polarerfahrene Johansen warnt. *Wir können nicht starten, solange die Temperatur so niedrig bleibt.* In den letzten Wochen lag die Temperatur gleichmäßig unter minus 50 Grad. Doch Amundsen setzt seine Autorität durch und lässt sieben Schlitten startklar machen. Er ist der Chef. Am 24. August steigt die Sonne über den Horizont und taucht kraftlos in einen wolkenverhangenen Himmel. Die Kälte bleibt. Endlich, am 31. August, zeigt das Thermometer minus 26 Grad, doch ein Sturm fegt den Männern den Schnee mit einer Geschwindigkeit von 23 Knoten entgegen. Wieder heißt es Warten. Dann lässt der Sturm nach und die Temperaturen fallen auf minus 46 Grad. *Ein Glück,* so Johansen, *dass wir hier drinnen sind und nicht ein paar Meilen oberhalb der Barriere liegen, außerstande einen Schritt weiter zu tun, und wir dann vielleicht gleich hier im Bereich von 80 Grad verloren wären; ein fürchterlicher Beginn.* Als die Temperatur auf minus 27 Grad steigt, gibt es für Amundsen kein Halten mehr.

Am 8. September 1911, um zehn Minuten nach zwölf Uhr, brechen acht Männer mit sieben Schlitten und 86 Hunden zum letzten großen Abenteuer in der Entdeckungsgeschichte der Erde auf, lassen Lindström allein in Framheim zurück. Sie sind zu früh und doch kommt der Tross in den nächsten beiden Tagen gut voran, als unternähme man eine Sonntagstour in der Heimat. Die Hunde müssen nicht angetrieben werden, laufen nach den Wintermonaten wie ausgelassen. Manchmal müssen die Männer ein, zwei Hunde aus den Gespannen herausnehmen und hinter dem Schlitten als Bremser festbinden, um die Geschwindigkeit zu drosseln. Eine Hündin ist läufig und wird *wegen lockeren Lebenswandels* erschossen, sie würde die Gespanne durcheinander bringen.

Amundsen ist mit einer durchschnittlichen Tagesleistung von 28 Kilometern zufrieden. In der Nacht zum dritten Tag fällt die Temperatur um fast 30 Grad auf minus 56 Grad und doch legen die Gespanne abermals 28 Kilometer zurück. Der Atem von Mensch und Tier gefriert augenblicklich, hängt den Männern als Eiströpfchen an Lippen und Nase, den Hunden an den Lefzen. Dichter weißer Dunst hüllt den Tross ein; der Vordermann ist nicht mehr zu sehen. Amundsen weiß nun, dass sie zu früh gestartet sind, und will es sich nicht zugeben. Noch nicht. Solange er und seine Männer mit den Hunden mithalten, ist ihnen in ihrer Eskimokleidung – Anoraks aus Wolfsfell und Unterzeug aus Rentierfell – warm. Doch die Kälte zehrt die Energie der Norweger von innen heraus auf, alle sehnen das Nachtlager herbei. Das ist grausam und ohne Schlaf. *Alles war feucht durch den Raureif, der sich überall bildete. Gott weiß, wo das enden wird.* Sie wälzen sich unruhig in ihren Schlafsäcken, die keinen Schutz vor der Kälte bieten. Niemand macht ein Auge zu und doch fällt kein Wort. Nur wenn der Nebenmann über die nasskalten Schlafsäcke der anderen steigt, weil er aus dem Zelt muss, schickt man ihm deftige Flüche hinterher. Amundsen kann sie hören, auch aus dem Nebenzelt, und muss eine Entscheidung treffen. Am frühen Morgen. Da hat man Mühe, die Hunde wieder in das Geschirr zu spannen. Manche haben Frostbeulen an den Pfoten und revoltieren, schnappen nach den Hundeführern, die nur mit der Peitsche die Gespanne startklar bekommen. Die Anzüge der Männer sind hart gefroren und die Stiefel sitzen eng am Fuß, müssen erst weichgelaufen werden. Die Männer, von der Nacht erschöpft und ohne Willenskraft, sehen nicht wie Sieger aus und brechen trotzdem auf. Es ist der fünfte Tag. Die Flüssigkeit im Thermometer gefriert. Prestruds Zehen sind vor Kälte wund. Nach sieben Kilometern machen sie Halt, geben es auf, die Huskys voranzupeitschen. Sie bauen zwei Iglus, weil niemand in die Zelte kriechen will. Die Schneehütten wärmen wie die heiße Schokolade wärmt; man kann wieder miteinander reden. Bjaaland notiert, *die Stimmung des Chefs ist auf dem Gefrierpunkt, er hat sich entschlossen, zum Lager zurückzukehren, und das ist gut so, sonst hätten wir uns zu Tode gefroren.* Amundsen fühlt den moralischen Druck seiner Gefährten auf sich lasten und muss sich eingestehen, dass Johansen Recht behalten hat, es war zum Aufbruch zu früh. Das sagt er nicht und auch sein Tagebucheintrag verschweigt, dass er allein zu diesem frühen Zeitpunkt zum Marsch Richtung Pol sich entschlossen hatte. *Ich denke nicht daran, Menschen und Tiere aus reiner Dickköpfigkeit aufs Spiel zu setzen und weiterzumachen, bloß weil wir uns zum Aufbruch entschlossen hatten. Wenn wir das Spiel gewinnen wollen, muss jeder einzelne Stein sorgfältig gesetzt werden – ein falscher Zug, und alles kann verloren sein.*

Sie kehren um, stehen am 14. September wieder am Depot auf dem 80. Breitengrad. Hier bleibt alles Gepäck zurück und die Fahrt geht mit fast leeren Schlitten weiter. *Es war eine verdammt kalte Angelegenheit, bei 55–56 Grad Frost zu fahren,* schreibt Bjaaland. Um die Stimmung zu bessern, holt Amundsen den Genever, den er für eine bessere Gelegenheit aufheben wollte, aus seinem Gepäck. Die Flasche ist gesprungen, ihr Inhalt gefroren. *15. September: Minus 47,5 Grad, dazu Nordwestwind, der einem ins Gesicht blies.* Wie die Männer leiden, leiden auch ihre Hunde. Sie sind in einem elenden Zustand, ihre Pfoten von Frostbeulen geschwollen, die jeden Tritt zur Qual machen. Einige Hunde, die sich vor Erschöpfung nicht mehr in den harschen Schnee eingraben, wenn sie sich auf den Boden legen, bleiben liegen und erfrieren. Andere sind im Geschirr zu schwach, müssen auf die Schlitten gesetzt und transportiert werden. Der 16. September beginnt mit nur noch 44 Grad unter null und die Mannschaft fühlt, dass sie noch einmal davongekommen ist. Wenn sich die Temperatur hält, auf den restlichen 72 Kilometern nicht wieder abstürzt. Amundsen befiehlt, bis nach *Framheim* ohne Halt durchzufahren. Als sie um sieben Uhr aufbrechen, wirft er sich auf Wistings Schlitten mit den kräftigsten Hunden und beide hasten gemeinsam mit Hanssens Gespann davon, in panischer Angst vor der nächsten Kältewelle, die kommen wird. Bald sind sie nordwärts unter dem Horizont verschwunden, die anderen können ihnen nicht folgen. Amundsen lässt seine Kameraden im Stich wie ein Kapitän das sinkende Schiff. *Ein bitterer Nachgeschmack blieb,* bekennt Johansen in seinem Tagebuch. *Wir waren in gedrückter Stimmung und hatten das Gefühl, irgendetwas war schief gegangen. Plötzlich waren wir nicht mehr glücklich und zufrieden.* Neun Stunden später, bei ruhigem und strahlendem Wetter, erreichen Amundsen, Wisting und Hanssen *Framheim,* während draußen, auf der Rosseisbarriere, der Überlebenskampf für die anderen längst begonnen hatte und jeder nur noch an sich selbst denkt, von der Kälte gehetzt.

Stubberud, der die drei noch einige Zeit im Blickfeld behalten konnte, gibt auf, als seine Hunde immer langsamer werden, setzt sich auf den Schlitten und weiß, dass er, käme ein Schneesturm, verloren wäre, ohne Primus-Kocher, ohne Zelt. Er kaut den letzten Zwieback und wartet auf die anderen. Bjaaland taucht auf, läuft als Vorläufer seinem Gespann voran; Stubberud schließt sich ihm an und beide erreichen zwei Stunden nach Amundsen das Basislager. Wenig später taucht Hassel in *Framheim* auf und kann von den letzten beiden nur berichten, dass Johansen und Prestrud ohne Heizmaterial und Nahrung noch weit zurückliegen. Amundsen, als die Männer ihren Chef daraufhin anschauen und das Wetter sich zunehmend verschlechtert, kann sich nicht entschließen, den beiden entgegenzufahren. *Johansen, als alter, erfahrener Polarfahrer, wird ein Lager aufschlagen und am nächsten Tag weiterfahren,* sagt er. Sie liegen weit zurück.

Johansen, als die wilde Hatz am Morgen losbrach, wusste hinter sich Prestrud mit den schwächsten Hunden und irgendwie fühlte er sich für ihn verantwortlich. Als er sah, wie Prestruds Gespann zunehmend schwächer wurde, versuchte er den vor ihm laufenden Hassel zu erreichen. Sechs Stunden brauchte er, ihn einzuholen. Er war verbittert und forderte Hassel auf, gemeinsam mit ihm auf Prestrud zu warten; der aber lehnte es ab. *Ich hatte weder Ofen, noch Paraffin, noch Kochutensilien, und die Lage wäre die gleiche geblieben, ob wir nun zu zweit oder zu dritt waren.* Er gab ihm sein Zelt und stürmte weiter, während Johansen auf Prestrud wartete, ihm dadurch das Leben rettete.

Nach zwei Stunden taumelt Prestrud ihm entgegen, seine Füße sind voller Frostbeulen und schmerzen. Prestrud ist ausgepumpt, endlos müde und Johansen hat seine liebe Not, ihn davon abzuhalten, sich in den Schnee zu legen. So ziehen die beiden weiter, Stunde um Stunde, quälend ewige Augenblicke. Nicht der Hunger ist das Schlimmste oder die sich verschärfende Kälte; das Gefühl, von den Kameraden im Stich gelassen worden zu sein, schmerzt dagegen grenzenlos. Eine halbe Stunde nach Mitternacht erreichen Prestrud und Johansen *Framheim*. Lindström hat auf sie gewartet und hält heiße Schokolade bereit. Amundsen verspürt keine Lust, sich Johansens Vorwürfe anzuhören, was hätte er ihm entgegnen sollen? Wie die anderen liegt er in seiner Koje und kann sich nun beruhigt zum Schlaf umdrehen – die Polmannschaft ist vollzählig zurück.

Morgens, am Frühstückstisch, fragt er, warum Johansen so spät angekommen sei. Er fragt nicht Prestrud, Johansen fragt er und weiß, dass er nur mit ihm etwas zu klären hat. Johansen explodiert und schreit alles aus sich heraus. *Dieses nenne ich keine Expedition, sondern Panikmache! Es ist unüblich, dass sich ein Leiter von seinen Leuten trennt.* Alle um den Tisch herum wissen, dass Johansen Recht hat, und stimmen ihm zu, doch keiner spricht es auch aus. Das ist eine Sache zwischen dem Chef und Johansen und endlich liegt sie auf dem Tisch. Amundsen nimmt die Worte wie sie nicht gemeint waren, als Meuterei, und sein Gesicht wird hart. Das Unverzeihliche in Johansens Worten, sagt er später, liegt darin, *dass sie vor aller Ohren gefallen sind. Der Bulle musste bei den Hörnern gefasst werden; ich musste sofort ein Exempel statuieren.*

In Einzelgesprächen versichert er sich der Loyalität aller anderen und teilt Johansen seine Entscheidung schriftlich mit: *Für das Gelingen der Expedition ist es das einzig Richtige, Sie von der Fahrt zum Südpol auszuschließen.* Johansen soll stattdessen, unter Prestruds Kommando, eine Expedition nach King Edward VII.- Land unternehmen. Der so Gemaßregelte erwidert ebenfalls schriftlich: *Der Leiter der Expedition beschließt, mich unter das Kommando eines Jüngeren zu stellen, der eine solche Aufgabe zum ersten Mal durchführt. Es ist wohl einleuchtend, dass das für mich, der einen Teil seines Lebens im Eis zugebracht hat, demütigend sein muss.* Nichts anderes wollte Amundsen erreichen, einen Rivalen im Führungsanspruch gedemütigt, seiner Autorität unterworfen zu sehen. Prestrud verzichtet ohne Bedauern auf den Südpol, er fühlt sich den Strapazen nicht gewachsen, und als Amundsen seinen Zimmermann Stubberud überzeugen kann, dass er ihn als sicheren Mann bei Johansen haben müsse, die Expedition in das Edward-Land zu dritt absolviert werden soll, bleibt Johansen anderes nicht übrig, als sich zu fügen.

Amundsen, dem für einen Augenblick die Führung der Expedition zu entgleiten drohte, hat mit einem Schlag alle Fäden wieder fest in der Hand, sich der Loyalität seiner Leute versichert, Johansen ins Abseits gestellt, die Crew von acht auf fünf Männer verkleinert, damit seine Proviantvorräte gleichsam verdoppelt. Zudem hat er dafür gesorgt, dass Norwegen, falls er den Südpol nicht erreichen sollte, als erste Nation das Land am östlichen Ende der Rosseisbarriere betreten wird. In diesem Punkte rechnet er mit Johansens Polarversessenheit. Er weiß, was dieser Mann zu leisten in der Lage ist, darum hat er ihn ausgebootet, weil er Johansens Fähigkeiten als stete Herausforderung empfand. Nun redet er kein Wort mehr mit ihm. *Er tut so, als gehörte ich nicht zur Expedition. Er ist tödlich gekränkt, weil er als Chef angeschlagen ist. Er ist nicht der Mann, für den ich ihn hielt, er kann keine Expedition wie diese leiten.* Amundsen ist aus einer Niederlage als Sieger davongekommen, um den Preis, dass *unsere wunderschöne Einmütigkeit ein so trauriges Ende gefunden hat.*

Die Temperatur steigt langsam auf minus 20 Grad, ein Sturmvogel zieht über *Framheim* dahin, ein sicheres Zeichen, dass es Frühling wird. Am 15. Oktober wollen sie aufbrechen, die Huskys haben sich ebenso erholt wie die Männer, und wieder werden die Stiefel verbessert. Bjaaland schreibt: *Nun sind wir wieder startbereit. Ich hoffe, es wird nicht wieder ein Fiasko wie beim letzten Mal. Wenn ich aus dieser Fahrt heil herauskomme, muss ich mit der Polarforschung Schluss machen. Alles ist kaum der Mühe wert – und wenn es mich da draußen erwischt, nun ja, dann meine innigsten Wünsche an meine Freunde und Bekannten, meine Landsleute und mein Vaterland.*

Dann brechen sie erneut auf – Amundsen, Bjaaland, Wisting, Hassel und Hanssen. Prestrud lässt die Filmkamera laufen. Johansens Gesichtsausdruck dokumentiert sie nicht, auch nicht jene kleine Szene, in der Amundsen auf den Älteren hinzutritt, sich, wie schon zuvor von Stubberud und Lindström, mit einem Handschlag verabschiedet. Johansen wünscht ihm Glück und geht in die Hütte zurück: *Ich habe ihm die Wahrheit gesagt und die ist nicht immer gut zu hören, daher bin ich in Ungnade gefallen, ich glaube, ich bin für ihn von Nutzen gewesen und so haben wir uns denn nun getrennt. Ein Schlitten nach dem andern ist abgefahren, über das Eis, über die Bucht und hinauf auf die Barriere. Gegen Mittag waren sie alle drüben und dann sind sie in die alte, wohl bekannte Richtung verschwunden.*

Es ist der 20. Oktober 1911. Die zuletzt traurige Atmosphäre von *Framheim* weicht der freudigen Erwartung. Die da vorwärts stürmen, ordnen sich alle einem unter, Amundsen, der nun auf eine zwar kleine, doch willensstarke Mannschaft vertrauen kann. Es sind alles erstklassige Leute, die ihre Gespanne südwärts treiben, jeder Einzelne. Eine bessere Crew hätte er nicht finden können.

Das Wetter hält nicht, was es versprach, ein kräftiger Sturm springt die Mannschaft von vorn an, Nebel zieht auf. Schon am ersten Tage kommen sie vom markierten Weg ab, geraten in ein Eisspaltenfeld. Wisting fährt am Ende der Kolonne. *Roald Amundsen war bei mir auf dem Schlitten. Wir saßen Rücken an Rücken. Plötzlich kriegte der Schlitten einen fürchterlichen Schlag. Es schien, als würde er hinten heruntergedrückt und mit dem Vorderteil in der Luft nach rückwärts gezogen. Ich drehte mich blitzschnell um und sah, dass wir über eine riesige Eisspalte gefahren waren. Als wir sie halb überquert hatten, war die Schneebrücke unter uns weggebrochen, aber da wir so schnell und gleichmäßig fuhren, war der Schlitten glücklicherweise weiter nach vorn auf das feste Eis geglitten. Wir hielten nicht an, sondern fuhren einfach weiter. Da tippte Amundsen mir auf die Schulter. ›Hast du das gesehen?‹, fragte er. ›Die hätte gern alles gekriegt: uns beide, den Schlitten und die Hunde.‹ Mehr haben wir nicht dazu gesagt.*

Sie sind schnell, fahren mit leichtem Gepäck, wenigstens bis zum ersten Depot. Wie schon beim Fehlstart müssen Hunde aus den Gespannen herausgenommen und auf die Schlitten als zusätzlicher Ballast gebunden werden. Vier Hunde, die sich in *Framheim* zu fett gefressen hatten, wurden ausgespannt und sich selbst überlassen. Sie würden den Weg zurück schon finden. Mit achtundvierzig Huskys, zwölf für jeden Schlitten, stürmen die Norweger südwärts, täglich 36 Kilometer. Als sie aus dem Spaltenfeld heraus sind, finden sie selbst im Nebel mühelos ihre ausgeflaggte Route zum 80. Breitengrad, den sie am vierten Tag erreichen. *Ein glänzendes Testergebnis,* sagt Amundsen, *sowohl für den Kilometerzähler am Schlitten wie für den Kompass.* Von hier aus würde das eigentliche Abenteuer beginnen, doch zuvor ruhen sie sich aus, lassen die Hunde sich am Seehundfleisch satt fressen. Morgen werden sie die Schlitten beladen, die Hunde einspannen und weiterziehen. Es ist der 24. Oktober, jener Tag, an welchem auch die Engländer ihren Marsch zum Südpol beginnen. Doch das norwegische Depotlager auf dem 80. Breitengrad liegt 270 Kilometer näher am Pol als die Basisstation auf Kap Evans. Scott liegt gegenüber Amundsen bereits vier, fünf Tagesmärsche zurück, noch ehe er losmarschiert.

Seit 10 Uhr kämpfen sich zwei Motorschlitten mit je eineinhalb Tonnen Last über das Meereis oberhalb vom Hut Point. Teddy Evans hat die Befehlsgewalt über das Vorauskommando, dem Scott erst eine Woche später folgen will, mit den Pferden und einigen Hundeschlitten. Bis dahin schreiben er und seine Männer Abschiedsbriefe. *My Dear … Ich stehe jetzt fest auf beiden Füßen; ich fühle mich körperlich und geistig gestärkt für die Aufgabe, und ich spüre, dass die anderen das wissen und volles Vertrauen zu mir haben. Aber es ist schon so, dass es in London und zuerst nach unserer Ankunft hier nicht so war. Die Wurzel allen Übels war, dass ich mein Selbstvertrauen verloren hatte … aber jetzt habe ich mich erholt. Ich lasse mich nicht mehr von Ängsten niederdrücken, da ich weiß, dass, was ich tue, richtig ist.* Immer wieder in seinen Briefen setzt er sich mit dem Norweger auseinander, eine Auseinandersetzung, die er vor den Expeditionsmitgliedern verschweigt. Kathleen vertraut er auch seine Befürchtung an, dass Amundsen als Erster den Pol erreichen könnte, *denn mit den Hunden kommt er schnell voran und kann natürlich früh aufbrechen. – Außerdem habe ich mich schon zu einem sehr frühen Zeitpunkt entschlossen, mich so zu verhalten, als existierte er nicht. Jeder Versuch, mich auf das Wettrennen einzulassen, hätte meine Planung zerstört. Ganz abgesehen davon waren wir ja auch nicht zu einem Rennen ausgezogen.* An Joseph Kinsey, seinen Agenten in Neuseeland, schreibt er, w*enn Amundsen zum Pol gelangt, kommt er mit Hunden dort an, doch wahrscheinlich wird der Erfolg ihm Recht geben und unser Einsatz nicht mehr der Rede wert sein. Erreicht er ihn aber nicht, soll er sich besser nicht sehen lassen. Er geht zwar ein großes Risiko ein und hat vielleicht den Erfolg verdient, falls er durchkommt. Aber noch ist er ja nicht da.* Dass Amundsen bereits auf dem Weg ist, weiß Scott nicht.

Den Pol in breiter Front anzugreifen, mit Motorkraft, Ponys, Hunden und der Widerstandsfähigkeit britischer Marines, hält er noch immer für Erfolg versprechender, *ich glaube nur bis zu einem gewissen Grad an Hundetransport.* An Admiral Egerton gerichtet, relativiert er wiederum seine Überzeugung, dass *natürlich alles von der bevorstehenden Reise abhängt.*

Oates, wie manch anderer Mann auf Kap Evans, kann solche Zuversicht nicht teilen. *Ich vermute, dass sie bereits zum Pol aufgebrochen sind und alle Aussichten haben, ihn zu erreichen, wenn sie gute Hunde besitzen und sie richtig einsetzen. Soweit ich es beurteilen kann, ist es nicht schwer, zum Pol zu gelangen, vorausgesetzt, man verfügt über geeignete Transportmittel, doch mit dem Dreck, den wir haben, wird es ganz schön schwer werden und wir werden hart arbeiten müssen.* In den Briefen an seine Mutter urteilt er auch über Scotts Führungsqualitäten. *Obwohl wir gut miteinander auskamen, habe ich eine tiefe Abneigung gegen Scott. Wenn wir nicht die britische Expedition wären und die Norweger schlagen müssten, würde ich die Sache hinschmeißen. Scott ist mir gegenüber immer höflich, und es heißt, dass ich mich gut mit ihm verstehe; Tatsache aber ist, dass er nicht redlich ist; zuerst kommt er, die anderen folgen dann irgendwann, und wenn er aus einem herausgeholt hat, was er will, wird man abgeschoben.*

Am 1. November bricht, um 11 Uhr morgens, die Hauptgruppe mit acht Ponys von Kap Evans auf. Scott ist nervös, spannt sein Pony vor den falschen Schlitten, korrigiert den Fehler und folgt seinen Leuten schnellen Schritts über das Meereis nach Hut Point. Einige Stunden später schrillt am Kap Evans das Telefon. Zwischen beiden Lagern hatten die Engländer das erste funktionstüchtige Telefonkabel der Antarktis verlegt. Scott beauftragt Gran, ihm den Union Jack, den ihm die Queen Mum Alexandra für den Pol mitgegeben hatte und den er nun in der Aufregung vergessen hatte, hinterher zu bringen. Als Gran mit der Fahne vor ihm steht, ist wieder das alte Lächeln in Scotts Gesicht. *Ironie des Schicksals, ein Norweger hat die britische Flagge die ersten Meilen zum Pol getragen.* Fünf Tage später trifft die Pony-Mannschaft kurz hinter dem Corner Camp, dort wo die erst ostwärts verlaufende Marschroute scharf südwärts umbiegt, auf die zusammengebrochenen Motorschlitten. *Der Traum von der großen Hilfe durch Maschinen ist ausgeträumt.* Von Teddy Evans und seinem Kommando jedoch keine Spur, auch nicht von der Ladung.

Spätere Generationen erzählen den Zusammenbruch der Motor-schlitten als Sinnbild für Scotts katastrophale Expeditionsplanung. Viel Geld war für die Entwicklung der Motorschlitten ausgegeben worden, den Entwicklungsingenieur Skelton aber hatte man ebenso wenig mitgenommen wie notwendige Ersatzteile oder entsprechende Werkzeuge. Die viel bejubelte, forsche Strategie des Briten, Entscheidungen an Ort und Stelle zu treffen, das Selbstbewusstsein des Marinesoldaten zur Improvisation, erweist sich nun als arrogante Fehleinschätzung. Erzogen im tradierten Geist des viktorianischen Weltbildes, das sich schon überlebt hat, glaubt auch Robert Falcon Scott daran, dass Manneskraft und eiserner Wille typisch britische Tugenden sind, die ohne weiteres Zutun Berge versetzen. Seit Scott mit der *Discovery* die Antarktis verlassen hatte, wusste er, dass er auf den weißen Kontinent zurückkehren würde. Vier Jahre hindurch. Eine Zeit der Vorbereitung, die er für diese Expedition schlecht genutzt hat. Als er mit der *Terra Nova* in den McMurdo-Sund zum zweiten Mal einläuft, ist er ein ebenso schlechter Skiläufer wie zuvor, hält er noch immer an einer Ausrüstung fest, die sich schon in den *Discovery*-Zeiten als ungeeignet erwiesen hatte. Noch immer trägt er weder Anorak noch Pelzkleidung, dagegen die Extrem-Kleidung der britischen Marine, eine wetterfeste Jacke mit anzuknöpfender Kapuze, noch immer schwört er auf die Marinezelte, die ohne eingenähte Bodenplatte über ein Stangengerüst gezogen werden, bei Sturm nur unter größten Schwierigkeiten aufzustellen sind. Aus Erfahrungen zu lernen hat er in der Kadettenanstalt von Dartmouth nicht gelernt, nur das falsche Selbstverständnis, dass ein Untertan Ihrer britischen Majestät überall in der Welt zurechtkommt. Auf dem antarktischen Kontinent kommt Scott schwer zurecht.

Am 7. November fegt ein Schneesturm über das Schelfeis, die Gruppe bleibt in den Zelten, wartet auf besseres Wetter. Am späten Vormittag nähert sich dem Biwak Hundegekläff, taucht Meares mit den Hundegespannen auf. Cecil Meares, im Auftrag britischer Geheimdienste in undurchsichtige Geschäfte mit Russen und Chinesen verwickelt, hatte in Scotts Auftrag die sibirischen Hunde gekauft. Scott ist erstaunt, dass Hunde bei Schneesturm laufen können, zudem hatte er sie auch noch nicht erwartet. Bei 80 Grad, 30 Minuten, so sah es sein Marschplan vor, sollten die Hunde Scotts Ponys und die Motorschlitten einholen. Meares und der russische Hundeführer Dmetri Girev, den er zur Teilnahme an der Expedition überredet hatte, hatten sich exakt an die befohlene Marschtabelle gehalten, nur die Motorschlitten und Ponys nicht. Scott ist verärgert, kanzelt Meares ab, weil er ihn zu früh einholte, und notiert, dass Meares *zu sehr die Sicherheit aufs Spiel gesetzt hat, um uns so früh einzuholen, es aber doch auch befriedigend ist festzustellen, dass Hunde, auch bei einem Wind wie heute, zum Laufen angetrieben werden können.* Rittmeister Oates dagegen schreibt: *wir verfluchten die Motorschlitten. 3 Motoren zu je 1000 Pfund, 19 Ponys zu je 5 Pfund, 32 Hunde zu je 30 Schilling. Wenn Scott nicht zum Pol gelangt, hat er es wirklich verdient. Scott geht nun auf, was für Krüppel unsere Ponys sind, und macht ein langes Gesicht.* Tage danach sagt Scott wie nebenbei zu Cherry-Garrard, *dass er glaube, sie hätten mit den Hunden alles falsch gemacht.*

Am 21. November trifft der Haupttrupp auf die ehemalige Motorgruppe. *Mein lieber Teddy, immer der Gleiche,* begrüßt Scott seinen Stellvertreter. Evans hatte alle Fracht der defekten Motorschlitten auf die anderen Schlitten umladen lassen, diese mit seinen Männern bis zum vereinbarten Treffpunkt gezogen. Seit einer Woche warteten sie auf Scott und bauten, um die Zeit des Wartens zu verkürzen, eine fünfzehn Fuß hohe Schneepyramide. *Mein lieber Teddy, immer der Gleiche.* Damit ist es entschieden. Teddy Evans, dem es die Männer verdanken, dass sie mit der *Terra Nova* nicht vor Neuseeland Schiffbruch erlitten, wird nicht zur Polmannschaft gehören. Scott ist sich darin sicher, Teddy Evans wird er es sagen müssen.

128

21. November 1911. 775 Kilometer von *Framheim* entfernt und etwa 460 Kilometer südlicher als Scotts gegenwärtige Position, schreibt Amundsen in sein Reisetagebuch: *Es war geradezu wundervoll, dass die Hunde heute 17 Meilen und 5000 Fuß Höhe schafften. Da komme noch einer und behaupte, dass Hunde hier nicht eingesetzt werden können.* Wie jeden Abend ist er wieder als Erster im Zelt, um für alle die Mahlzeit zu kochen. *Aber schneller als sonst steckte ich den Primus an und brachte ihn auf volle Touren. Ich wollte möglichst viel Krach machen, um die vielen Schüsse nicht hören zu müssen, die gleich draußen losgehen würden. Es war hart, aber es musste sein. Wir hatten abgemacht, dass wir vor nichts zurückschrecken wollten, um unser Ziel zu*

13 Oben: ›Framheim‹ im Winter 1910. Bjaaland, Hassel, Hanssen, Wisting, Amundsen, Johansen und Prestrud als Schuster (v. l. n. r.).
14 Unten: ›Cape Evans‹ im Winter. Cherry-Garrard, Bowers, Oates, Meares, Atkinson (v. l. n. r.).

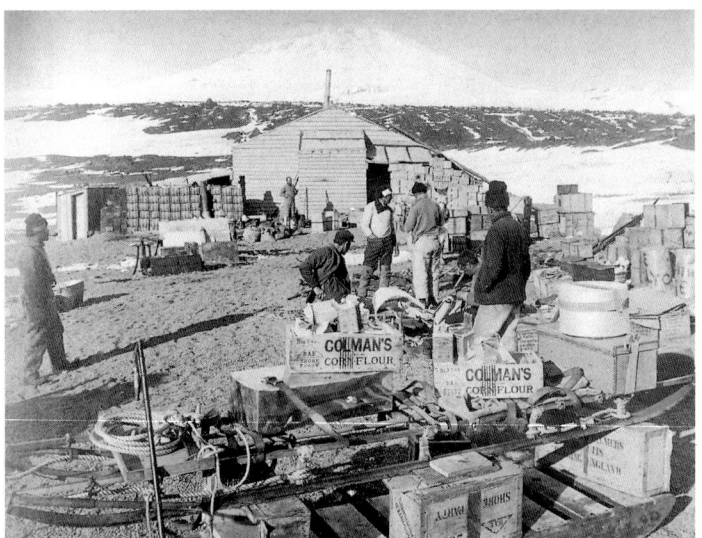

15 Oben: Geordnetes Chaos der englischen Expedition auf »Cape Evans«.

16 Unten: Der erste von drei Motorschlitten der Briten wird entladen. Wenige Augenblicke später durchbricht er die dünne Eisdecke und versinkt im Ross-Meer.

17 Rechts oben: Oates: *Soweit ich es beurteilen kann, ist es nicht schwer, zum Pol zu gelangen, vorausgesetzt, man verfügt über geeignete Transportmittel, doch mit dem Dreck, den wir haben, wird es ganz schön schwer werden und wir werden hart arbeiten müssen.*

18 Rechts mitte: Amundsen beim Aufbruch zum Pol: *Die Engländer haben der Welt laut und offen erzählt, dass Skier und Hunde in diesen Regionen wertlos, Anzüge aus Fell Unfug sind. Wir werden ja sehen.*

19 Rechts unten: Bowers: *Schlitten ziehen bricht einem das Kreuz. Es ist die schlimmste Arbeit, die ich je getan habe …*

20 und **21 Oben:** Die Sieger am Südpol mit ihren grönländischen Huskies. Amundsen: *Ich kann nicht sagen, dass ich am Ziel meines Lebens stand.*
22 Vier Wochen später erreichen die fünf Engländer den Pol. Scott: *Der Pol, ja, aber unter ganz anderen Umständen als erwartet. Es ist eine furchtbare Enttäuschung. Manche düsteren Gedanken kommen mir. Alle Träume sind ausgeträumt; es wird eine beschwerliche Rückfahrt werden.*

erreichen. Da fiel der erste Schuss. Ich bin nicht schreckhaft, aber ich muss zugeben, ich fuhr zusammen. Dann ein Schuss nach dem andern – es hallte grauenhaft durch die Einsamkeit. Mit jedem Schuss verlor ein treuer Diener sein Leben. Aus der festlichen Stimmung, die eigentlich an diesem Abend – dem ersten auf dem Plateau – im Zelt aufkommen sollte, wurde nichts. Niedergeschlagenheit und Kummer lagen in der Luft; wir hatten die Hunde lieb gewonnen. Die Stelle nannten wir Metzgerladen.

27 Huskys werden erschossen. Nachdem ihnen das Fell abgezogen ist, stürzen sich die restlichen 18 fressgierig auf ihre Artgenossen. Frisches Hundefleisch verringere die Skorbutgefahr, sagt Amundsen und überzeugt damit seine Kameraden. Die Männer haben es nicht leicht, sich selbst die besten Stücke aus den Hundekadavern herauszuschneiden. *Wir genossen die wundervollen Diners von unseren guten Grönländern*, erinnert sich Bjaaland, *ich muss sagen, sie schmeckten ausgezeichnet.* Das *Metzgerladen*-Biwak auf halber Strecke von *Framheim* zum Südpol wird vier Tage dauern, für alle fünf Zeit genug, sich den Weg auf den kontinentalen Eisbuckel herauf nochmals in Erinnerung zu rufen.

Täglich waren sie durchschnittlich 25 bis 35 Kilometer vorangekommen und hatten dafür fünf, manchmal sechs Stunden auf ihren Skiern gestanden. Ob Schnee, ob Nebel, das vorgegebene Tagespensum wurde zu einer von allen akzeptierten Aufgabe, die zu erledigen war. Pro Tag ein viertel Breitengrad, in vier Tagen, so Amundsens Plan, mussten sie einen ganzen Breitengrad hinter sich gebracht haben. Damit war das schier endlose Weiß des Schelfeises weniger trostlos, konnten sich die Männer ihren Weg zum Pol auf einem gedachten Globus vorstellen.

Scott maß die Annäherung an den Pol nach Meilen, die in dem unwirtlichen Land aus Schnee und Eis noch zurückzulegen waren. Doch jede Meile Marschweg, jeder einzelne Schritt wurde von jedem seiner Kameraden anders empfunden. Wer auf den letzten Metern sich die Füße in zu engen Stiefeln wund gelaufen oder die Zehen erfroren hatte, dem wurde die letzte Meile in der kalten Einöde bis zum Biwak zur qualvollen Vorstellung, und vielleicht fragte er nach dem Sinn seiner Schmerzen oder danach, was das Empire hier verloren hatte. Scott: *Ich habe damit gerechnet, dass diese Märsche nicht ganz einfach würden, aber ich habe sie mir nicht im Entferntesten so schlimm wie heute vorgestellt. Wieder sehr schlechte Sicht und sehr schwieriger Boden. Nach diesem Tag heute geht es allen schlecht.*

Amundsen dagegen hat seinen Männern als psychologischen Kunstgriff das Gradnetz über die Einöde geworfen, seine Männer gleichsam in ihm unter seiner Führung eingefangen. Und so fuhren sie als Eroberer dem imaginären Polpunkt entgegen, in dem alle Längengrade zusammenlaufen, die Erde ein imaginäres Ende hat. Die Norweger wollen das Ende der Welt erobern und wählen den direkten Weg, immer den 163. Längengrad östlich von Greenwich südwärts, solange es geht und unabhängig davon, was sich ihnen entgegenstellt. Für Amundsen gibt es keine Umwege, er marschiert auf dem direkten Weg, der Direttissima, die eleganteste, doch durchaus nicht die leichteste Lösung des Problems. Durch ein großes Gebiet voller Eisspalten treiben sie ihre Hunde, weil es auf ihrer Marschroute lag, Amundsen nicht Zeit auf eine Umgehung des Spaltenfeldes vergeuden wollte. *Diese Spalten sind eindrucksvoll, wenn man am Rand liegt und hinein sieht. Ein bodenloser Abgrund, der von Hellblau zu tiefstem Schwarz übergeht.* Die englische Konkurrenz ist ihm stets bewusst, vielleicht setzt er darum alles auf eine Karte, auf die Direttissima, die er starrsinnig durchfährt. Und er hat Glück. Bislang. *Die scheußlichsten Formationen, die wir hier gefunden haben, sind so riesige Löcher, dass die Fram und vieles mehr darin Platz hätten. Diese Löcher sind mit einer dünnen Kruste überzogen, und die kleine Öffnung, die sichtbar ist, scheint harmlos. Aber wenn man auf so eine hübsche Stelle gerät, ist man unrettbar verloren. Wir sind heute an einer vorbeigekommen. Zum Glück hat Helmer Hanssen es rechtzeitig gesehen. Seinen scharfen Augen entgeht kaum etwas. Uns allen geht es gut. Was wir alles aufs Spiel setzen, wenn wir durch diese unerfreulichen Gebiete ziehen! Jeden Tag haben wir von neuem unser Leben selbst in der Hand. Aber niemand möchte umkehren – das ist gut zu wissen.*

Ihr letztes, vor dem Winter angelegtes Depot auf dem 82. Breitengrad finden sie trotz des Nebels, *das war ein reiner Triumph. Wir haben bewiesen, dass es möglich ist, in diesen endlosen Weiten Depots anzulegen und so zu markieren, dass es möglich ist, sie bei sorgfältiger Navigation wiederzufinden.* Amundsen schlägt vor, auf jedem weiteren Breitengrad ein Depot anzulegen, statt wie ursprünglich geplant, alles Gepäck bis zum Pol mitzuschleppen.

7. November – 14 Uhr. Passierten bei 82 Grad 17 Minuten südlicher

Breite den südlichsten Punkt, den die Discovery-Expedition erreicht hat. Vor ihnen liegen rund 900 Kilometer unbekanntes Gelände. *Wir laufen wie Windhunde über die endlose, glatte Schneefläche, je länger das Gelände so blieb, umso besser.* Das Gelände auf dem Schelfeisschild bleibt glatt und die Männer sind sich einig, das tägliche Marschpensum zu erhöhen, einen Breitengrad in drei, statt wie bisher in vier Tagen zu schaffen. *Das tägliche Pensum von zwanzig Meilen haben wir immer leicht in fünf Stunden erledigt. Mit dem Bauen der Pyramiden* (den Depots – d. A.) *sind es sechseinhalb Stunden im Ganzen. So ist die Nacht lang. Die Hunde scheinen nicht überanstrengt. Sie sind ein bisschen dünner, aber besser in Form denn je.* Am 11. November verwirft sich die vor ihnen liegende Horizontlinie zu glitzernden Pyramiden. *Gleißend weiß, leuchtend blau, pechschwarz – das Land sieht aus wie im Märchen. Gipfel über Gipfel, Fels um Fels – so wild zerklüftet wie nur irgendetwas auf unserer Erde liegt es da, niemand hat es bis jetzt gesehen, niemand betreten. Ein Aufstieg scheint unumgänglich. Es ist ein wunderbares Gefühl, hier zu reisen.* Vier Tage später stehen sie am leicht zerklüfteten Übergang vom Ross-Schelfeis zum antarktischen Kontinent. Vor ihnen lag ein bis zu 4000 Meter hoher, schnee- und eisgepanzerter Gebirgszug, den Amundsen zu Ehren seiner Königin Königin-Maud-Kette tauft. Über 3600 Kilometer zieht sich das Transantarktische Gebirge vom Kap Adare bis zu den Pensacola-Bergen hin, riegelt den Abfluss des großen Eiskaps, das auf dem Kontinent liegt, zum Meer hin ab. Ein wild zerklüfteter, starker Damm, den Amundsen vor sich hat. Scott folgt Shackletons Route durch das Gebirge auf das Eiskap hinauf, Amundsen muss im unbekannten Gelände selbst den Weg finden. Und abermals änderte er seine Strategie, mit Zustimmung seiner Gefährten, um sich den Gegebenheiten anzupassen. Mit allen Hunden will er den Aufstieg bewältigen, dann die Tiere töten, bis auf achtzehn, die den Trupp zum Pol begleiten, dort weitere sechs erschießen, um mit den restlichen zwölf Huskys die Rückfahrt zu schaffen.

Am 18. November *begann schließlich der schreckliche Aufstieg,* eigentlich ein ununterbrochenes Auf- und Absteigen, eine Schinderei für Mensch und Tier. Oft mussten alle Huskys vor nur einen Schlitten gespannt werden, um die Steigung zu bewältigen – *Die Hunde haben heute eine Arbeit geleistet, die meine höchsten Erwartungen übertraf* – oder zum Bremsen Tücher um die Kufen gewickelt werden, um die Abfahrten der Schlitten unter Kontrolle zu halten. Als sie einen Pass gemeistert hatten, einen zweiten und dritten, mehrere kleinere Gletscher, immer tiefer in den Gebirgszug eindrangen, stellt sich ihnen zu aller Bestürzung eine neue Herausforderung in den Weg, *ein riesiger, mächtiger, absolut fjordähnlicher Gletscher von Ost nach West quer zur Laufrichtung; ein furchtbares Chaos von Gletscherspalten umgibt uns. Riesige Eisblöcke, ungeheure Abgründe und breite Klüfte blockieren uns ringsherum,* ein gewaltiger Gletscher vom Rande des Polar-Plateaus herunter zur Eisbarriere, mit einem Gefälle von 2250 Metern auf knapp 14 Kilometer. Amundsen ist von der Szenerie beeindruckt und notiert: *Abgrund an Abgrund, Gletscherspalte neben Gletscherspalte, riesige Eisblöcke überall verstreut. Und man sieht wohl, nirgends ist die Natur gewaltiger als hier. Wir betrachteten die Gegend nicht ohne Befriedigung. Wir fühlten uns stark.* Wisting notiert: *Ich habe ihn nie sagen hören: Wir kehren um.* Am 21. November, sie haben den Axel-Heiberg-Gletscher, wie Amundsen ihn in dankbarer Erinnerung an einen Sponsor seiner Reisen nennt, bezwungen, biwakieren die Norweger am Rande des Eiskaps – eine der großartigsten Leistungen in der Polarforschung. Bjaaland berichtet: *Wir kamen heraus aus den Tausende von Metern tiefen Klüften, wo wir unser Lager hatten. Die Spannung war groß, als wir uns der Seite des Mount Ole Engelstad näherten, ohne zu wissen, ob er schneebedeckt und passierbar war. Es wurde eine angenehme Überraschung. Wir kamen im Einzelgespann hinauf; es war schwer, doch wir schafften es. Es war unser härtester Tag. Nachdem wir den schlimmsten Aufstieg hinter uns hatten, lagen die scheußlichsten Eishügel vor uns, einer hinter dem anderen, hart und glatt wie Feuerstein. Nach zwölf Stunden waren wir oben … schlugen unser Zelt auf … und es ist wohl klar, wie dann das Pemmikan und die Schokolade weggingen und danach: hinein in den Schlafsack, herrjeh – das Leben in der Antarktis ist eine Schinderei.*

Sie hatten Glück, eine Gewalttour durchstanden und nehmen sich auf 3340 m Höhe vier Tage Zeit, ehe sie mit achtzehn Huskys weiterziehen. Die Norweger liegen 460 Kilometer vor den Engländern.

Jeder Tag der sechzehnköpfigen Scott-Expedition beginnt mit fünf getrennten Starts; zuerst brechen jene Männer auf, die ihre Schlitten selbst ziehen, sie kommen im Schnee auf dem Schelfeis am langsamsten vorwärts, dann folgen die drei Ponygespanne, gestaffelt nach der Kraft des jeweiligen Pferdes, schließlich die Hundeschlitten. Schlittenzieher, Ponys und Hunde sollen so das geplante Nachtbiwak ungefähr zur gleichen Zeit erreichen. Dem Zusammenhalt der Gruppen untereinander ist Scotts Marschtabelle wenig dienlich, jede kämpft sich unabhängig von den beiden anderen bis zur abendlichen Ruhe durch. Hundeführer, wenn sie auf dem Tagesmarsch eine Rast einlegen, müssen sich um ihre Tiere nicht kümmern. Hunde sorgen weitgehend für sich selbst, Ponys dagegen frieren, wenn sie stehen, und ihr Schweiß wird zu einem Eispanzer. Dann müssen sie trocken gerieben und mit Decken belegt werden; um sie gegen den Wind zu schützen, wird um die Ponys ein Schneewall aufgeschaufelt. Es sind viele notwendige Handgriffe in den drei Gruppen nötig, die selbst die beste Marschtabelle immer wieder durcheinander bringen. So ziehen sie Tag um Tag über das Schelfeis, versinken bis zu den Knien im Schnee, während ihre Skier auf Schlitten verpackt lagen. Die Ponys brechen ebenso durch die Schneedecke und reiben sich ihre Läufe wund. Die durchschnittliche Marschgeschwindigkeit der Engländer pro Stunde liegt um mehr als zwei Kilometer unter der der Norweger, zwischen zwei bis vier Kilometern.

Scotts Transportsystem verlässt sich auf ein einziges Hauptdepot, das Ein-Tonnen-Camp, in das bis zu seiner Rückkehr vom Pol noch weitere Nahrungsmittel und Brennstoff von Kap Evans aus eingelagert werden sollen, und auf Männer, die ihn als Hilfsgruppe begleiten. Sind deren Schlitten leer, weil inzwischen die Ladung verzehrt oder in ein Depot für die Rückreise gelegt wurde, kehren sie um. Am 24. November, etwa bei 81 Grad 15 Minuten südlicher Breite, wird die erste Hilfstruppe zurück ins Basislager auf Kap Evans geschickt. Da steht Scott rund 945 Kilometer vor dem Pol und noch immer auf dem Schelfeis. Das erste Pony, es hat seine Arbeit getan, wird erschossen, *gut ein paar Meilen südlich des Breitengrads, wo Shackleton sein erstes Pony erschoss,* notiert Wilson. Auch die anderen werden nicht mehr lange leben. Ihr Fleisch wird als Rückmarschproviant in Depots gelegt. Am 4. Dezember steht Scott auf Shackletons Route vor dem schwierigen und steilen Beardmore-Gletscher, beginnt der Aufstieg zum antarktischen Hochplateau. Oates schreibt in sein Tagebuch: *Ich sah mehrere riesengroße Gletscher zwischen den*

Bergen herunterkommen und die Eisspalten, die Shackleton zum Halten zwangen. Und jetzt, da ich hier bin, weiß ich erst, wie großartig sein Unternehmen war und welche Kühnheit ihn trieb.

Amundsen passiert am 4. Dezember den 87. Breitengrad. *Wir haben gewonnen. Wir haben uns durch Sturm und Schneetreiben gekämpft, und nun haben wir das Plateau im Sonnenschein vor uns ... Die Aussicht gefällt uns ganz ungeheuer ... der Weg zum Pol ist frei – ach, wären wir doch bald da.*

450 Kilometer hinter Amundsen hält ein Schneesturm die Engländer auf Tage am Fuße des Beardmore-Gletschers fest und Scott beklagt sein Schicksal: *Es ist mehr Pech, als wir verdient haben ... Was macht ein bisschen Glück doch aus! Solche Verhältnisse konnte niemand voraussehen und es war unmöglich, sich darauf vorzubereiten. Wir hätten zehnmal so erfahren oder zehnmal so zielbewusst sein können, mit derartigen Hindernissen konnten wir nicht rechnen. Es ist wirklich Pech.*

Sie sind bereits 38 Tage unterwegs, haben 682 Kilometer hinter sich und liegen im Marschplan, der sich an Shackletons Reisegeschwindigkeit orientiert, die Scott mit seinen Männern überbieten will. Dass die Briten gegenüber Amundsen täglich etwas mehr als sechs Kilometer verlieren, können sie nicht wissen. Oberleutnant zur See Henry Robertson Bowers, ein zäher Mann und einer aus dem Schlittenzieherteam, die am Fuße des 216 Kilometer langen Gletschers auf besseres Wetter warten, notiert in sein Tagebuch: *Wahrscheinlich ist Amundsen schon am Pol angekommen. Dabei hoffe ich immer noch, dass es nicht so ist, denn für mich ist er ein Schuft, hinterhältig und verschlagen.*

Am 9. Dezember beginnt der Anstieg. Die Ponys sind über ihre Leistungsgrenze hinaus erschöpft, müssen vorangepeitscht werden, quälen sich 12 Stunden dahin. Zehn Kilometer. Die Kolonne hält an und Oates erschießt die Tiere. *Gott sei Dank, mit den Ponys ist es aus, die schwierigere Arbeit tun wir nun selber.*

Zur selben Zeit legt Amundsen, 171 Kilometer vor dem Pol, sein letztes Depot an, markiert es auf einer Wegstrecke von fünf Kilometern besonders sorgfältig. Alle 100 Skischritte werden schwarz gestrichene Kistenbretter im Eis verankert, jedes zweite trägt ein Fähnchen und ist zur Ostseite hin eingekerbt, um so die Richtung zum

Depot anzuzeigen. Am 10. Dezember brechen sie zum *letzten Anlauf* auf. *Minus 28 Grad, Südwind … etwas kalt, wenn die Haut im Gesicht aufgesprungen ist; aber kein Grund, Klagelieder anzustimmen. Gelände und Laufen wie gewohnt, erstklassig. Schlitten und Ski gleiten leicht und angenehm. Helmer Hanssen, Wisting und ich sehen furchterregend aus, wir haben vor ein paar Tagen im Sturm Frostbeulen im Gesicht bekommen. Entzündungen, Schmerzen und Schorf über der ganzen linken Seite. Bjaaland und Hassel gingen hinten, so sind sie davongekommen. Die Hunde werden gefährlich (weil sie Hunger haben) und müssen, sobald die Schlitten unbeaufsichtigt sind, als Feinde betrachtet werden.*

Am Morgen des 11. Dezember sind sie noch 81 Kilometer von ihrem Ziel entfernt. Am selben Tag schickt Scott, 648 Kilometer liegen noch vor ihm, die Hunde aus dem Beardmore-Gletscher zurück. Cherry-Garrard schreibt: *Sie haben prächtige Arbeit geleistet. Es sieht so aus, als ob Amundsen es doch richtig gemacht hat.*

Der Gedanke an den Rivalen lässt die Norweger unruhig werden. Vielleicht nur als Zweiter durch den Zielpunkt des Wettlaufs zu kommen, würden sie als nationale Schande empfinden. Am 13. bricht die Spannung aus Hassel heraus. *Seht Ihr dahinten das Schwarze? Ist das Scott?* Als sie weiterlaufen, erweist sich das Bild als Luftspiegelung über dem Eis. Am 14. schlagen sie ihr Nachtbiwak bei 89 Grad 45 Minuten südlicher Breite auf. Zum Pol sind es noch 27 Kilometer. Bjaaland ist ebenso erregt wie alle anderen. *Jetzt können wir im Liegen zum Pol blicken, und ich höre die Achse schon knarren, aber morgen wird sie geschmiert. Wir sind alle aufgeregt. Werden wir die englische Flagge sehen? – Gott sei uns gnädig! Ich glaube es nicht.* An diesem Tag müssen sie die Huskys mit der Peitsche auseinander halten. *Die Hunde sind so hungrig, dass sie ihren eigenen Kot fressen und, wenn sie an die Stränge herankönnen, auch diese; sie beißen in das Schlittenholz.*

Am Freitag, dem 15. Dezember 1911, brechen sie unruhiger als gewohnt auf. Nach 12,6 Kilometern schneller Fahrt bremsen die Gespanne ab, übergeben die Männer ihrem Chef die Führungsposition; gegen 15 Uhr erreicht Amundsen als erster Mensch den Südpol.

28 800 Kilometer vom Bunnefjord entfernt ist die Fahrt zu Ende. *So sind wir nun also angekommen und können unsere Fahne am geographischen Südpol aufstellen,* schreibt Amundsen über jenen Augen-

blick, der ihn als siegreichen Eroberer sieht. *Wir pflanzen dich, teure Flagge, am Südpol auf und geben der Ebene, auf der er liegt, den Namen König-Haakon-VII.-Plateau.*

Eher unterkühlt wie Amundsen, trägt auch Helmer Hanssen seine Empfindungen in das Tagebuch ein. *Ich war froh, dass ich endlich nicht mehr bei diesem beißend kalten Wind auf den Kompass starren musste. Den ganzen Weg nach Süden hatten wir den Wind gegen uns, jetzt aber kommt er von hinten.* Anders dagegen schreibt Bjaaland. *Wir haben das Ziel unserer Wünsche erreicht und das Großartige ist, wir sind die Ersten, hier weht keine englische Flagge, sondern die dreifarbige norwegische. Wir haben gegessen und getrunken, bis wir nicht mehr konnten; Seehundsteaks, Zwiebäcke, Pemmikan und Schokolade. Wenn du, Mutter, und ihr, Susanna und T. und Sven und Helga und Hans – wenn ihr alle wüsstet, dass ich hier am Südpol sitze und an euch schreibe, ihr würdet bestimmt auch feiern.*

Später wird Amundsen über die Eroberung des Südpols schreiben: *Ich kann nicht sagen, dass ich am Ziel meines Lebens stand. Ich weiß zwar, das wäre sehr viel wirkungsvoller, aber es wäre die Unwahrheit. Ich bin lieber aufrichtig und sage geradeheraus – nie hat ein Mensch wie ich ein Ziel erreicht, das seinen Wünschen so diametral entgegenstand. Das Gebiet um den Nordpol – der Teufel soll es holen – hatte mich seit meiner Kindheit gereizt, und jetzt stand ich am Südpol. Kann es etwas Verrückteres geben?*

Das Ziel seines Lebens, den Nordpol, hat Peary erobert. Amundsen erobert das Lebensziel eines anderen, der zu diesem Zeitpunkt noch 640 Kilometer von ihm entfernt um den Ausstieg aus dem Beardmore-Gletscher kämpft. Amundsen erkämpft sich den Ruhm eines Eroberers, der ihn doch nicht dem eigenen Lebensziel näher bringt. Er wird es nie mehr erreichen. Selbst in jenem Augenblick nicht, in dem er, Jahre später, mit einem Luftschiff den Nordpol überfliegen wird.

Sie bleiben drei Tage und fünf Stunden am Pol, immer wieder wird ihre geographische Position exakt vermessen. Niemand soll ihre Eroberung anzweifeln können. Dann stellen sie das Ersatzzelt auf, befestigen an dessen Spitze die norwegische Fahne und die Schiffsflagge der *Fram.* In das Zelt legt Amundsen einige unbrauchbar gewordene Ausrüstungsgegenstände und zwei Briefe. Einen an Scott, darin er ihn bittet, den zweiten an den König von Norwegen zu übermitteln. *Majestät! Wir haben den südlichen Punkt der großen Ross-Eisbarriere bestimmt sowie die Verbindung von Viktoria-Land und King-Edward-VII.-Land. Wir haben eine mächtige Gebirgskette mit Gipfeln bis zu 22 000 Fuß Höhe entdeckt, ich habe mir die Freiheit genommen, sie – ich hoffe mit Ihrer Erlaubnis – Königin-Helena-Kette* (später Königin-Maud-Kette – d. A.) *zu nennen. Wir haben festgestellt, dass das große Inland-Plateau langsam vom 89. Breitengrad an abfällt ... Wir haben diese sanft geneigte Ebene, auf der wir die Position des Geographischen Südpols mit Erfolg festgestellt haben – ebenfalls mit Erlaubnis Eurer Majestät, so hoffe ich – König-Haakon-VII.-Plateau genannt.*

Dann schließen sie das Zelt und grüßen die Flagge, richten ihre Blicke nordwärts und Amundsen notiert in sein Tagebuch einen letzten Gruß an jenen Ort, an dem die Längengrade zusammentreffen und der auf der weißen Ebene wie jeder andere aussieht. *Und nun, lieber Pol, leb wohl! Ich glaube nicht, dass wir uns jemals wieder sehen.*

9. Triumph, Niederlage und Tod

Alle Träume sind ausgeträumt ... Um Gottes willen – sorgt für unsere Hinterbliebenen!

Robert Falcon Scott

Tapferkeit, Entschlossenheit, Stärke fehlten ihnen nicht. Ein wenig mehr Sachverstand würde ihr Werk mit Erfolg gekrönt haben.

Roald Amundsen über
Scotts Polmannschaft

Wir liegen jetzt sechs Tage zurück, notiert Scott am 16. Dezember, *schuld daran ist allein der elende Sturm.* Dass Amundsen am Tag zuvor den Pol erreicht hat, weiß er nicht und würde es auch nicht glauben. Er hat auf seiner Route, die Shackletons Route ist und die er für die einzig Mögliche hinauf auf das Polplateau nimmt, keine Spur von den Norwegern gefunden. Amundsen muss hinter ihm liegen. *Wir holen auf,* schreibt er einen Tag später in sein Tagebuch. Shackleton, immer wieder Shackleton, an dem er die Leistung seiner Mannschaft misst. Mit elf Mann zieht er den gewaltigen Beardmore-Gletscher hinauf, der unter tiefem, weichem Schnee abgrundtiefe Spalten versteckt hält. Die Engländer stehen auf Skiern, sie *sind genau das Richtige, aber meine Landsleute sind träge und voller Vorurteile, sie haben sich nicht auf die Sache vorbereitet.* Dass er es

140 seinen Leuten selbst überlassen hatte, ob sie von Tryggve Gran in der Skilauftechnik unterrichtet werden wollten oder nicht, schreibt er nicht. Am 21. sind sie aus dem Gletscher heraus, stehen am Rand der Eiskappe. Wieder wird eine vierköpfige Hilfsmannschaft in das Basislager zurückgeschickt. Scott gibt Atkinson, neben Wilson der zweite Mediziner der Expedition, den Auftrag mit, er möge ihm im März mit den Hunden, soweit es irgend geht, entgegenfahren. Es ist das dritte Mal, dass er Anweisungen für die Hilfsgruppen ändert, die ihm auf dem Rückweg vom Pol entgegenkommen sollen. Keine dieser Änderungen ist eindeutig, sie widersprechen sich und treiben die Männer auf Kap Evans, erzogen, exakt formulierte Befehle bedenkenlos auszuführen, in Ratlosigkeit.

Mit sieben Gefährten und zwei Schlitten zieht Scott seinem Lebensziel entgegen, täglich neun, manchmal zehn Stunden. Am 25. Dezember schreibt Bowers, *Scott war richtig in Schwung und marschierte und marschierte … mein Atem bildete Nebelschwaden, hinter der Sonnenbrille und unter der winddichten Kleidung wurde mir elend warm … alles war rundherum fürchterlich. Schließlich blieb er stehen, und wir rechneten aus, dass wir 14,75 Meilen marschiert waren. Was haltet ihr davon, sagte er, wenn wir 15 Meilen gehen, weil Weihnachten ist?, und wir machten bereitwillig weiter – irgend ein Ziel ist immer noch besser als dieses vage Sich-Hinschleppen.*

Ein Primus-Ofen wärmt am selben Tag das Zelt der Norweger. Bjaa-land hat Zigarren verteilt und Wisting aus Zwieback, Milchpulver und geschmolzenem Schnee einen Pudding gekocht. 180 Kilometer Rückfahrt liegen hinter ihnen. Und Wisting hat Zahnschmerzen. *Deshalb bat ich Amundsen, sich mit dem Biest zu befassen. Er war auch sofort bereit, und wir holten die Zange heraus. Sie war so kalt, dass sie erst über dem Primus-Ofen gewärmt werden musste. Dann kniete ich mich in meinen Schlafsack, er setzte sich in seinem eigenen vor mich und zog dann mit allen Kräften. Nach einer fürchterlichen Prozedur war die Operation schließlich mit Erfolg beendet, und im selben Moment waren auch meine Schmerzen vorbei.*

Scott ist bärenstark, treibt seine Leute voran, 23 Kilometer täglich, manchmal 25. Teddy Evans, Bowers, die Matrosen Lashly und Crean vor ihrem Schlitten haben alle Not, mit Scott, Wilson, Edgar Evans und Oates mitzuhalten. *Dabei habe ich ihnen deutlich genug gesagt, dass ihnen große Anstrengungen abverlangt werden, mit denen sie ohne Hilfe fertig werden müssen.* Er wird es seinem Stellvertreter sagen müssen, dass ausschließlich sein Schlittengespann zum Pol marschieren wird, Wilson, Oates und Edgar Evans, der Matrose, der ihn schon während der *Discovery*-Expedition in die westlichen Berge begleitete. Scott forciert die Marschgeschwindigkeit seines Schlittens.

270 Kilometer vom Ziel entfernt lässt er die Schlitten umbauen, um einen halben Meter verkürzen, damit sie besser laufen. Was auf Kap Evans in vielleicht drei Stunden erledigt gewesen wäre, ist auf 3000 Meter Höhe und bei 25 Grad unter null erst nach acht Stunden

geschafft. Und Edgar Evans schneidet sich dabei die Hand auf; bis in seinen Tod wird sich die Wunde nicht mehr schließen.

Auf dem Plateau, 3. Januar 1912. Ich bin ausersehen, mit Scott weiter zum Pol zu gehen. Scott gibt seine Polmannschaft bekannt. Oates berichtet seiner Mutter: *Natürlich freue ich mich darüber, wenn ich auch bedaure, dass ich ein weiteres Jahr von Hause fort sein werde ... Wir befinden uns jetzt 50 Meilen von Shackletons südlichstem Punkt entfernt. Hier oben ist es ziemlich kalt und die Arbeit ist sehr schwer, aber ich bin ganz fit und habe an Kondition fast weniger verloren als alle anderen. Wir werden viel zu erzählen haben, wenn ich zurückkomme.*

Es ist heraus. Teddy Evans, Lashly und Crean müssen umkehren. Dass Scott den beiden Matrosen und jenem Mann, der sie alle vor der Schiffskatastrophe bewahrte, das Leben schenkt, werden sie erst später erfahren. Und nochmals ändert Scott seine Marschpläne, statt zu viert will er nun zu fünft weiter. Den Vermessungsingenieur bei sich zu haben, sagt Scott, *war eine unendliche Erleichterung, den unermüdlichen kleinen Bowers, der für alle kleinen Dinge sorgte.* Bowers ist begeistert. Natürlich. Dass die für vier Männer berechnete Verpflegungsmarge in den angelegten Depots nun für fünf reichen muss, daran denkt vorerst niemand. Eher verwundert notiert Scott später – *Kochen für fünf nimmt wesentlich mehr Zeit in Anspruch als für vier. Daran hatte ich nicht gedacht, als ich umorganisierte.* Für wesentlich mehr Kochzeiten aber sind die Heizvorräte nicht vorhanden. Scott improvisiert aus einer plötzlichen Eingebung heraus, die seine ganze Marschstrategie erschüttern wird. Er denkt nicht daran, dass Bowers seine Skier ein, zwei Tagesmärsche zurück hat stehen lassen. Ersatzskier, wie sie für jedes Mitglied der norwegischen Polmannschaft mitgeführt wurden, sind in Scotts Crew nicht vorgesehen. Bowers zieht im Team an der Mittelleine, das geht gut, solange rechts und links von ihm auch die anderen vier zu Fuß vor den Schlitten gespannt sind. Wenn der Schnee tief und weich ist, die anderen auf Skiern ziehen, gerät das Gespann aus dem Gleichklang. *Schlitten ziehen,* Bowers hat es auf dem Schelfeis schon erfahren müssen, *bricht einem das Kreuz. Es ist die schlimmste Arbeit, die ich je getan habe, das Starten noch mehr als das Ziehen. – 10- bis 15mal ein verzweifelter Ruck, um den Schlitten überhaupt erst einmal in Bewegung zu setzen. Ich habe noch nie so gezogen, mich noch nie so veraus-*

gabt wie hier, wo ich unablässig mit letzter Kraft an dem Leinengurt zerre, der um meinen armen Bauch gebunden ist. Scott schätzt die Ausdauer des kleinen, starken Schlittenziehers Bowers.

Am 4. Januar rufen die Heimkehrer ein dreimaliges Hurra! in den Schneehimmel, sehen Scott und seinen vier Gefährten nach, bis sie hinter dem Horizont verschwinden. Sie wenden sich um und kehren nach Kap Evans zurück, beladen mit Briefen. Einer ist für Kathleen Scott, die zu dieser Zeit in einem Berliner Hotel eine kurze, doch heftige Liaison mit Fridtjof Nansen durchlebt. Seiner Frau schreibt Scott: *Führe diese Aufgabe durch, nicht nur nominell, sondern tatsächlich, sodass niemand je sagen kann, dass ich nicht dazu geeignet war, die Expedition auch auf diesem letzten Stück zu führen.*

Stunde um Stunde ziehen sie ihren Schlitten durch die grenzenlose weiße Öde, Tag um Tag. *Das Gehen wird schrecklich monoton.* Meile um Meile, der Horizont bleibt immer gleich weit entfernt. Die Männer schweigen und halten die Zugriemen straff, täglich 18 Kilometer. Dann queren sie ein Gebiet voller Sastrugi, vom Wind polierte, glasharte Schneehindernisse, an denen Scotts Skitechnik zerbricht. Er entscheidet, am kommenden Tag ohne Skier weiterzulaufen. Er entscheidet für alle. Am 7. Januar bleiben die Schneebretter am Biwakplatz zurück, herrscht wieder Harmonie im Zuggeschirr. Jedenfalls so lange, bis die Männer über den Wert der Skier sich zu streiten beginnen. Scott beendet den Streit, indem er zum Biwak zurückkehrt und die Skier holt. An diesem Tag kommen sie nur 16 Kilometer vorwärts.

Am 7. Januar, kurz vor Mitternacht, erreichen die Norweger bei 85 Grad 5 Minuten südlicher Breite ihr erstes Depot auf dem Schelfeis. Damit hat Amundsen Verpflegung für 35 Tage auf den Schlitten. Nahrung mehr als genug, für Mensch und Tier, um sicher nach *Framheim* zu kommen. Zudem trifft er auf jedem weiteren Breitengrad auf ein sorgsam mit Fähnchen und Brettern in alle vier Himmelsrichtungen gekennzeichnetes Depot. Er kann sie nicht verfehlen und der Weg zurück zur Bucht der Wale liegt als erholsame Fahrt offen vor ihm. Amundsen hat den Wettlauf endgültig gewonnen.

Am 9. Januar 1912 fühlt sich Robert Falcon Scott als Sieger, in sein Tagebuch schreibt er den Sieg mit Versalien ein. *REKORD!* Scott hat jenen für ihn magischen Punkt bei 88 Grad 23 Minuten südlicher Breite, 162 Grad östlicher Länge, hinter sich gelassen, an dem auf den Tag genau drei Jahre zuvor Shackleton umkehren musste. *Wir haben unser letztes Pulver verschossen ... So enttäuscht wir auch sind, wir haben unser Bestes getan,* hatte damals Shackleton geschrieben. Endlich hat er seinen Rivalen geschlagen, den britischen Wettkampf auf dem antarktischen Kontinent für sich entschieden. Leichter wird ihm das letzte Wegstück zum Pol dadurch nicht. Einen Wettlauf hat er gewonnen, jetzt drängt sich der andere, den ihm der Norweger aufgezwungen hat, immer stärker in seine Gedanken. Vielleicht gibt es doch noch eine andere Route vom Schelfeis hinauf auf das Hochplateau? Und wenn ihn Amundsen am Pol erwartet?

Sie haben nicht genügend Brennmaterial auf ihrem Schlitten, müssen mit dem vorhandenen sparsam umgehen und verzichten weitgehend darauf, Schnee zu Trinkwasser zu schmelzen. Wer Durst empfindet, nimmt eine Hand voll Schnee in den Mund; die physiologisch notwendige Menge Flüssigkeit führt er seinem Körper dadurch nicht zu. Die Folgen bleiben nicht aus, physische und psychische Instabilität. Edgar Evans hat seit Tagen nicht mehr gesprochen, niedergeschlagen läuft er im Zuggeschirr eher kraftlos mit. Seine Hand eitert. Alle klagen über die Kälte und über eine spürbare körperliche Schwächung. Später werden Scott-Biografen solche Klagen aus einer falschen Nahrungszusammenstellung erklären, der es insbesondere an den zum Vitamin-B-Komplex zusammengefassten Stoffen fehlt. Auch Oates kann sich depressiver Verstimmungen nicht erwehren. Am 15. Januar, die Engländer sind bis auf 54 Kilometer an den Pol herangekommen, notiert er: *Mein Pemmikan muss mir beim Frühstück nicht bekommen sein, denn unterwegs war ich so bedrückt und hatte Heimweh.*

Vier Tage zuvor überflog ein Skua-Möwen-Pärchen die Schlitten der Norweger und wurde mit lautem Hurra begrüßt. Bjaaland feuerte gar eine Salve aus seinem Revolver in die Luft, ehe er seine Freude in das Tagebuch notierte. *Hallo, sei gegrüßt, liebe Skua-Möwe. Wie geht es dir? Flieg zurück zu Lindström und sag ihm, dass wir in 20 Tagen da sind und alle seine Pfannkuchen aufessen und das Rindfleisch und das Obst, auch wenn's nur grüne Pflaumen sind.*

Mehr als der Mangel an Vitaminen lastet die Ungewissheit auf den Engländern, je näher sie der entscheidenden Gewissheit kommen, Erster oder nur Zweiter am Südpol zu sein. *Schrecklich wäre nur der Anblick der norwegischen Flagge, wenn sie bei unserer Ankunft bereits dort stünde.* Oates spricht aus, was alle bedrückt. Oberleutnant Bowers entdeckt ihn zuerst, einen verschwommenen dunklen Fleck am Horizont. Eine halbe Stunde später stehen sie vor einer schwarzen Fahne, die Amundsen fünf Kilometer vom Südpol entfernt als Signal für die Engländer aufgepflanzt hatte. Es ist der 16. Januar, gegen 17 Uhr. Die Männer sehen Skispuren und Trittspuren vieler Hunde. Das Empire kommt zu spät. Scott zieht sich mit seinen Männern in das Biwak zurück. *Heute Abend sind wir keine sehr glückliche Gesellschaft,* berichtet Oates und: *Amundsen, das muss ich zugeben, muss schon ein heller Kopf sein. Die Norskies scheinen mit ihren Hundegespannen einen bequemen Ausflug gemacht zu haben, anders als wir mit unserem elenden Schlittenziehen!* Bowers notiert: *Es ist schade, dass die Norweger uns zuvorgekommen sind, aber ich bin froh, dass wir nach der guten englischen Art vorgegangen sind. Wir haben mit Menschenkraft gearbeitet. Das ist die traditionelle britische Methode bei Schlittenreisen, und vom ersten Schritt an ist es die großartigste Reise, die Menschen je zurückgelegt haben. Wenn je eine Fahrt mit ehrlichem Schweiß erkauft wurde, dann die unsrige.*

Evans hat mit seiner Handverletzung zu tun und Edward Wilson versucht vor der Crew das Gefühl der Niederlage zu mildern, *Amundsen hat uns insofern geschlagen, als er einen Wettlauf veranstaltet hat. Wir haben getan, was wir uns vorgenommen hatten, und genau unser Programm erfüllt.* Wilson spricht die Wahrheit aus und kann Scott doch nicht trösten. *Es ist eine furchtbare Enttäuschung. Manche düsteren Gedanken kommen mir. Morgen müssen wir zum Pol marschieren und dann so schnell wir irgend können heimwärts ziehen. Alle Träume sind ausgeträumt; es wird eine beschwerliche Rückfahrt werden.*

Am 17. Januar 1912, gegen 18.30 Uhr stehen die Männer am Pol, 34 Tage nach den Norwegern. Der Himmel ist wolkenverhangen und der Wind erbarmungslos scharf. Scott wirkt apathisch, auch auf den Fotos, die sie von ihrer Ankunft machen. *Der Pol, ja, aber unter ganz*

anderen Umständen als erwartet ... Es war ein furchtbarer Tag. Zusätz-
lich zu unserer Enttäuschung hatten wir Wind von vorn mit Stärken
zwischen 4 und 5 und eine Temperatur von minus 22 Grad, und wir fro-
ren beim Arbeiten an Händen und Füßen. O Gott! Das ist ein grausiger
und entsetzlicher Ort. So viel Schwerstarbeit und nicht einmal der
Lohn, Erster zu sein ... die Kälte geht einem durch Mark und Bein ...
Nur sehr wenig unterscheidet sich hier von der Monotonie der vergan-
genen Tage ... Nun ja, es ist schon etwas, dass wir hier angekommen
sind, und vielleicht ist der Wind morgen auf unserer Seite ... jetzt geht
es auf den Rückmarsch.

Sie entdecken das Ersatzzelt der Norweger und Scott öffnet den
an ihn gerichteten Brief. *Sehr geehrter Herr Kapitän Scott! Da Sie*
wahrscheinlich der Erste sind, der nach uns dieses Gebiet erreicht,
möchte ich Sie freundlich bitten, diesen Brief an König Haakon VII.
weiterzuleiten. Wenn etwas von dem, was wir im Zelt zurückgelassen
haben, für Sie von Nutzen sein kann, zögern Sie nicht, es zu gebrau-
chen. Ich wünsche Ihnen eine gesunde Heimkehr und bin mit freund-
lichen Grüßen Ihr ergebener Roald Amundsen. Der Ton des Schrei-
bens verletzt Robert Falcon Scott tief, vielleicht erschütterte er
seinen Willen zum Überleben. Als Polarfahrer ist er als Zweiter
eingelaufen, sollte er nun Erster als Briefträger sein?

Bowers freut sich über ein paar Fäustlinge aus Rentierfell, die die
Norweger in ihrem Zelt zurückgelassen hatten, seine eigenen, aus
Hundefell, hatte er verloren. Scott legt noch eine Mitteilung über
ihre Ankunft am südlichen Schnittpunkt der Längengrade in das
Zelt, dann verschließt er es. *Wir bauten eine Pyramide, stellten unse-*
ren armen, geschundenen Union Jack auf und fotografierten uns – das
Ganze war eine traurige Arbeit. Wir haben dem Ziel unseres Ehrgeizes
mit schmerzlichen Gefühlen den Rücken gewandt, haben 800 Meilen
anstrengendes Schlittenziehen vor uns – und müssen uns von den
meisten Tagträumen trennen. 19. Januar 1912. Scott.

Kraftlos verlassen sie den Ort ihrer Niederlage, marschieren in
den ersten drei Wochen täglich 16 Kilometer auf ihrer eigenen Spur
zurück. Sie haben Rückenwind und ein kleines Segel auf dem Schlitten aufgespannt, laufen auf dem Plateau leicht abwärts, bemüht, ihre
auf dem Hinweg hinterlassenen Spuren nicht aus den Augen zu verlieren. Doch die Sonne strahlt ihnen vom Norden entgegen, taucht
Eis und Schnee in ein unterschiedsloses Geglitzer. Dann legen sie ihr

Zuggeschirr ab, kratzen im Schnee nach den Spuren. Amundsen führt seine Männer nachts zurück, wenn die Sonne im Süden, dem Tross im Rücken steht. Scott läuft weiter gegen die Sonne. Bleibt sie hinter Wolken verschwunden, sind die eigenen Spuren darum nicht leichter zu finden, mehrfach schon verweht. Immer öfter ziehen jetzt Sturmwolken über dem Polarkap auf und die Temperaturen fallen auf unter minus 30 Grad. Es ist *verteufelt mühsam, das Zelt aufzuschlagen, und wir haben eiskalte Finger.*

Während fünf Männer sich auf der antarktischen Hochebene vorwärts, zurück nach Kap Evans kämpfen, haben die fünf anderen ihr Basislager an der Schelfeiskante erreicht.

Framheim aber lag, wie wir es verlassen hatten, in der Morgensonne. Amundsens nüchterne Tagebuchnotiz am 26. Januar 1912, morgens um vier Uhr. Am folgenden Tag geht auch die *Fram* in der Bucht der Wale vor Anker, die wie verabredet pünktlich am 9. Januar eintraf, vom Sturm und hohen Eisgang jedoch nochmals in das Ross-Meer hinausgetrieben wurde. Jetzt wird sie beladen mit den wertvollsten Ausrüstungsgegenständen und 37 Hunden. Am 30. Januar, abends, verschließt Amundsen die Hütte, läuft sein Schiff aus der Bucht der Wale aus. *Ein schwerer Augenblick, Framheim zu verlassen. Es war das Beste und gemütlichste Winterquartier, das es je gab. Es sah funkelnagelneu aus, als wir auszogen, Lindström hatte es von oben bis unten gescheuert.*

Ich bin heilfroh, wenn ich meine guten alten Skier wieder nehmen kann. Am 31. Januar, nachdem Bowers rund 650 Kilometer durch Schnee und über Eis marschiert ist, kann er sich endlich Skier unter die Stiefel schnallen. Vier Tage später erreichen sie den Rand der Polebene und beginnen den Abstieg vom Beardmore-Gletscher, wenige Kilometer hinunter zum oberen Gletscherdepot. Viel gibt es nicht her, Verpflegung für genau fünf Tage, für eben jene Zeit, die die Gruppe auf dem Hinweg vom mittleren Depot hier herauf unterwegs war. Kann sein, Scott glaubte, dass der Weg aus der Höhe hinunter schneller zu durchlaufen wäre als herauf. An eine Sicherheitsmarge jedenfalls hat er nicht gedacht. Am nächsten Tag, nach wochenlangem kalten Wind steigen sie bei sonnigem Wetter weiter abwärts. Am 9. Februar, jenem Tag, an dem die *Fram* den südlichen Polarkreis überquert, unterbricht Scott den Abstieg, um geologische Proben zu nehmen, 30 Pfund mineralhaltiges Gestein, dass er nach Kap Evans mitnehmen will und auf den Schlitten lädt. Seine Neugier ist stärker als seine Vernunft, dadurch verlieren er und seine Männer wertvolle Zeit, die sie ohnehin nicht mehr haben. Einen Tag später muss Scott feststellen, dass ihre Verpflegung zu Ende geht, spätestens am 12. müssen sie am mittleren Beardmore-Depot sein. *Wir sind heute Nacht in ein ziemlich übles Loch und zwischen Gletscherspalten und ganz blaue Eisaufwerfungen geraten. Wir haben uns bis 21 Uhr durch dieses Chaos gekämpft und waren dann vollkommen erschöpft,* schreibt Oates am 12. Februar. Sie haben sich verirrt und sind in einen der gefährlichsten Gletscherbereiche hineingelaufen wie in eine Falle. Gleich zweimal bricht Edgar Evans durch verkrustete Schneebrücken, verletzt sich am Kopf. Gehirnerschütterung. Er hat Glück, dass ihm die anderen aus den Eisspalten heraushelfen können. Oates registriert: *Evans ist nicht in Ordnung. Ihm sind die Kräfte ausgegangen. Er benimmt sich wie eine alte Frau – und schlimmer. Er ist völlig erschöpft von der Arbeit, und wie er die 400 Meilen schaffen will, die noch vor uns liegen, weiß ich nicht. Wir müssen das Depot finden.* Scott weiß es nur zu gut. Evans ist der Einzige, der in dieser Nacht zwischen all den Eisbrüchen einen Dämmerschlaf findet, die anderen erwarten ungeduldig den Morgen. Der kriecht mit Nebelschwaden heran, macht die Männer frösteln, versperrt den Abstieg. Doch sie müssen weiter, eine andere Möglichkeit haben sie nicht. Als Wilson in einem Nebelloch die Depotfahne erblickt, sind sie noch einmal davongekommen. *Es war,* schreibt Scott, *die schlimmste Erfahrung auf der Reise und gab uns ein schreckliches Gefühl von Ungewissheit. In Zukunft muss der Proviant so verteilt werden, dass wir bei ungünstigem Wetter nicht gleich in eine solche Knappheit geraten. Wir dürfen nicht noch einmal in solche Bedrängnis geraten.*

Evans leidet unter seinen Erfrierungen und ersten Anzeichen des Skorbut. *Bei Evans haben sich zwei Fingernägel gelöst ... seine Hände sehen schlimm aus, und zu meiner Überraschung scheint er darüber den Mut zu verlieren – worüber ich sehr enttäuscht bin.* Er wirkt apathisch oder plappert wie ein Kleinkind Satzfetzen, die niemand versteht.

Am 13. brechen sie zum unteren Gletscherdepot auf. Sie haben Nahrung nur noch für drei Tage. *Wir kennen die Entfernung bis zum nächsten Depot nicht, aber wir ziehen los, um an Verpflegung zu kom-*

men. Wir haben die Rationen und die Schlafzeiten gekürzt und fühlen uns ziemlich erschöpft. Noch immer taumelt Evans im Zuggeschirr mit den anderen mit, am 16. erbricht er sich. Oates schildert den Zusammenbruch. *Evans musste zunächst aus dem Geschirr genommen werden und sich am Schlitten festhalten; später sagte er, dass er nicht weitermachen könne. Wenn er bis morgen nicht besser dran ist, weiß Gott, wie wir ihn nach Hause bringen sollen. Wir können ihn unmöglich auf dem Schlitten mitnehmen.*

Am nächsten Morgen kommt Evans mit seinen Stiefeln nicht mehr zurecht. Scott und die anderen wissen nicht, wie sie ihrem Gefährten helfen können; sie müssen weiter, schnellstens das nächste Depot erreichen, können Evans nicht zusätzlich auf den steinbeladenen Schlitten setzen. Sie lassen ihn zurück mit der Anweisung, so schnell wie möglich nachzukommen. Nach dem Mittagessen, von Evans ist nichts zu sehen, steigen Scott und Oates wieder aufwärts. Sie finden Edgar Evans auf allen vieren im Schnee kriechend. Wilson und Bowers kommen mit dem leeren Schlitten. Evans wird ins Zelt heruntergebracht. Es ist der 17. Februar 1912. Am folgenden Tag schreibt Scott eine Erklärung in sein Reisetagebuch: *Ich möchte bei dieser Gelegenheit erklären, dass wir zu unseren kranken Gefährten standen. Im Fall von Edgar Evans schien die Sicherheit der Übrigen zu verlangen, dass wir ihn aufgaben, doch die Vorsehung nahm ihn im kritischen Augenblick von uns. Evans war bewusstlos, als er ins Zelt getragen wurde, und er starb in der Nacht, ohne das Bewusstsein wiedererlangt zu haben.*

Augenblicklich brechen sie ihr Lager ab, überwinden mehrere Eisschroffen und erreichen das Depot auf dem Beardmore-Gletscher, nehmen nach sieben Tagen verkürzter Ration eine erste volle Mahlzeit zu sich. Dann, so Scott, *gönnten wir uns fünf Stunden Schlaf nach der schrecklichen Nacht*, ehe sie endgültig den Gletscher hinter sich lassen und am südlichen Rand des Ross-Schelfeises das Shambles Camp erreichen, jenen Ort, an dem Oates beim Aufstieg die Ponys erschoss. Sie kratzen einen Kadaver aus dem verharschten Schnee und haben endlich wieder ein belebendes Gefühl der Sättigung. Lange hält es nicht vor, ihre Körper sind von der steten Anstrengung ausgemergelt. Kap Evans liegt weit, über 600 Kilometer entfernt, und der antarktische Winter rückt näher. Sie kämpfen um jeden Kilometer, und jeder kämpft für sich allein. *Haben uns den ganzen Tag abgemüht und bisweilen sehr düstere Gedanken gehegt. Uns haben noch nie 8,2 Meilen so viel Mühe gekostet, so kann es nicht weitergehen. Wenn wir doch bloß mehr Brennstoff hätten! Gebe Gott, dass wir keine weiteren Rückschläge erleiden. Die Lage ist kritisch. Vielleicht sind wir am nächsten Depot in Sicherheit, aber ich zweifle sehr daran.* Scott weiß, dass sie um ihr Leben laufen, es längst nicht mehr darum geht, die Expedition auch als Verlierer mit Anstand zu Ende zu bringen. Die Temperaturen fallen weiter, liegen durchschnittlich bei minus 35 Grad, und der nächste Rückschlag hat sich seit zehn, elf Tagen bereits angekündigt: Oates. Mehr als eine Stunde ist er morgens damit beschäftigt, in das stets hart gefrorene Schuhwerk hineinzukommen. Die Narbe einer zehn Jahre alten Kriegsverletzung, eine Gewehrkugel hatte den Oberschenkelknochen zertrümmert, war aufgebrochen, das Bein vom Frost und einem beginnenden Skorbut zerschunden. Auch die anderen haben Mühe, ihre geschwollenen Füße in die Stiefel zu zwängen, und Oates hat über seine Schmerzen nichts gesagt, aus Rücksicht auf die Gefährten. Er hat die Zähne zusammengebissen und ist nur ein wenig stiller geworden. Nun bricht es aus ihm heraus. Er hat keine Kraft mehr, kann nicht mehr im Zuggeschirr mitziehen, taumelt auf absterbenden Füßen neben dem Schlitten. *Der arme Soldat ist fast am Ende,* notiert Scott. *Es ist wirklich schrecklich, weil wir überhaupt nichts für ihn tun können. Keiner von uns hatte diese schrecklich niedrigen Temperaturen erwartet.*

Die Füße. Auch bei Edgar Evans stieg das Sterben aus den Füßen in den Körper; Oates weiß das und ahnt, was Scott in sein Tagebuch notiert, dass er *eine furchtbare Belastung geworden* ist, *unmöglich durchkommen kann. Heute Morgen fragte er Wilson, ob er eine Chance habe, und Wilson antwortete natürlich, er wüsste es nicht. Aber es ist klar, er hat keine. Unabhängig davon, ob er jetzt stirbt, zweifle ich auch daran, ob wir durchkommen. Die Wetterverhältnisse sind schrecklich, und unser Zuggeschirr vereist immer mehr und lässt sich immer schwerer handhaben. Dazu ist der arme Titus natürlich die größte Behinderung. Der arme Kerl, der arme Kerl! Er ist ein trostloser Anblick.*

Am selben Tag, es ist der 4. März, sichtet die Mannschaft der *Fram* Land und erreicht drei Tage später Hobart auf Tasmanien. Amundsen geht von Bord, verwehrt den anderen einen Landgang, bis er die Meldung über die Eroberung des Südpols im Telegraphenamt aufgegeben habe, und mietet sich im Hadley's Orient Hotel ein. *Mit meiner Schirmmütze und meinem blauen Wollpullover hielten sie mich für einen Landstreicher und ich bekam ein sehr schäbiges kleines Zimmer.* Wie verabredet kabelt er seinem Bruder Leon – *Pol erreicht 14.-17. Dezember. Alle wohlauf.* Die Weltpresse druckt das Telegramm auf ihren Titelseiten ab und die *New York Times* feiert das Ereignis in großen Lettern. *Die ganze Welt ist jetzt entdeckt!* Amundsen aber, ehe er sich von der Welt feiern lässt, bringt noch einen anderen Kampf zu Ende, die Auseinandersetzung mit Johansen. Er entlässt Johansen wegen Meuterei aus der Mannschaft und zwingt ihn, allein nach Norwegen zurückzureisen, während die *Fram* nach Buenos Aires weitersegelt. Noch bevor Johansen in Christiania eintrifft, halten Fridtjof Nansen und die Königliche Norwegische Geographengesellschaft Eilbriefe in ihren Händen, in denen Amundsen ihn als notorischen Querulanten, als einen ebenso lebensuntüchtigen wie haltlosen Menschen beschimpft. Als Geschlagener kehrt er in ein Land zurück, das nur Sieger feiert. Alkoholgenuss kann seine Ehre nicht wiederherstellen, manchmal den Schmerz nur lindern. Am 4. Januar 1913 steckt sich Hjalmar Johansen seinen Armeerevolver in den Mund und drückt ab. »Vielleicht war es das Beste für ihn, den armen Teufel«, urteilte Thorvald Nilsen.

Scotts Tagebucheintrag am 9. März 1912. *Kürzung unserer sämtlichen Rationen. Ich sehe keinen Schuldigen – aber Großzügigkeit und Überlegung waren nicht die Stärken dieser Planung. Die Hunde wären unsere Rettung gewesen. Sie haben offensichtlich versagt. – Es läuft alles jämmerlich schief.*

Kapitän zur See Robert Falcon Scott wird ein Opfer tradierter Strukturen der britischen Kriegsmarine, die ihren Angehörigen den bedingungslosen Befehlsgehorsam einbläute, alle individuelle Entscheidungsfähigkeit dagegen austrieb. Seine mehrfach auf dem Hinmarsch geänderten Anweisungen, Hundeschlitten mögen den Heimkehrern bis zu dieser oder jenen Stellen entgegenkommen, wurden von der Mannschaft im Basislager als das genommen, was sie waren: sich widersprechende Äußerungen des Kommandanten, mit denen niemand so recht etwas anzufangen wusste. Exakte Befehle, die sie hätten ausführen können, waren es nicht. Zudem waren Offiziere und das wissenschaftliche Personal auf Kap Evans mit eigenen Aufgaben beschäftigt, während wiederum den verschiedenen Mannschaftsgraden keine entsprechenden Befehle vorlagen. Es war der Wissenschaftler Cherry-Garrard, der dann doch mit dem russischen Hundeführer Dmetri am 25. Februar zum Ein-Tonnen-Lager aufbrach, im Glauben, es handle sich bei seiner Reise um eine Art Begrüßungskommando für die Polbezwinger. Seit dem 4. März biwakieren beide mit den Hunden im One Ton Camp und warten auf Scott – sechs Tage hindurch. Am 10. März fahren sie mit den Gespannen nach Kap Evans zurück, während etwa 120 Kilometer weiter südlich Oates mit den Schmerzen kämpft. Irgendwann gibt er auf und übergibt Wilson sein Tagebuch mit der Bitte, es seiner Mutter zukommen zu lassen. Und er bittet ihn um das Morphium aus Wilsons Medizinbeutel. *Wir haben uns nichts vorzuwerfen,* schreibt Wilson.

Am 17. März wird Oates 32 Jahre alt und bereitet sich auf seinen Tod vor. In der Nacht zum 18. März 1912, Scott, Bowers und Wilson liegen ohne Schlaf in ihren feuchten Schlafsäcken, kriecht Oates über die Beine der Gefährten hinweg zum Zelt hinaus. Keiner hält ihn zurück. *Er starb als Mann und Soldat, ohne ein Wort der Klage.* Auch das schreibt Wilson an Mrs. Oates. Und Scott notiert, *dass sein Regiment sich freuen würde zu hören, wie tapfer er dem Tod entgegengesehen habe. Wir wussten, dass der arme Oates hinausging, um zu sterben, aber wir wussten auch, dass er als tapferer Mensch und englischer Gentleman handelte.*

Scott, Wilson und Bowers schleppen sich weitere drei Tage nordwärts, passieren den 80. Breitengrad, bauen ihr Zelt am 21. März knapp 20 Kilometer vom Ein-Tonnen-Lager entfernt auf. Dass sie schon in Sicherheit wären, hätte Scott vor einem Jahr das Depot auf dem 80. Breitengrad aufgeschlagen, nicht, um das Leben eines Pferdes zu retten, auf 79 Grad 28 Minuten, darüber sprechen sie nicht. Sie sind mit dem Überleben beschäftigt, damit, dass Proviant und Brennmaterial bis auf einen kümmerlichen Rest zu Ende gehen. Scott fürchtet Wundbrand in seinen erfrorenen Zehen. *Amputation ist noch das Geringste, womit ich rechnen muss, aber wird der Brand nicht um sich greifen?* Wilson befahl er, *uns die Mittel zur Beendigung unserer Qualen auszuhändigen, damit jeder wisse, was er im Notfall zu tun habe. Wir haben jeder dreißig Opiumtabletten, Wilson eine Tube Morphium. Unser Spiel geht tragisch aus.*

Sie liegen neun Tage in ihren Schlafsäcken und müssten doch wei-

ter, während heftige Fallwinde vom Polarplateau herunter Schnee-
stürme über das Schelfeis treiben. Der Brennstoff ist verbraucht, etwas Nahrung für ein, zwei Tage, bei kärgster Rationierung, noch
vorhanden. Die Erfrierungen machen die Beine gefühllos, reißen die
Gesichtshaut wie Papier herunter. *22. und 23. März: Der Orkan wütet
fort – Wilson und Bowers konnten sich nicht zum Depot hinauswagen –
morgen ist dazu die letzte Möglichkeit. Das Ende ist da. Wir haben uns
entschlossen, eines natürlichen Todes zu sterben, wir wollen zum Depot
marschieren und auf unserer Spur zusammenbrechen.*

Sie bleiben weiterhin im Zelt und schreiben Abschiedsbriefe, wie
schon seit mehreren Tagen.

Ich fürchte, wir müssen abtreten. Scott an Sir Edward Speyer,
Schatzmeister der Expedition und Londoner Bankier. *Ich war für
diese Aufgabe nicht zu alt. Die Jüngeren gingen vor mir unter … Wir
geben unseren Landsleuten ein gutes Beispiel; nicht dadurch, dass wir
in eine schwierige Lage geraten, sondern dadurch, dass wir ihr wie
Männer trotzen, wenn wir hineingeraten.* Scott an Admiral Sir Francis
Bridgeman. Die Worte variieren, ihre Aussage bleibt gleich: *Wir beweisen, dass Engländer immer noch mutigen Geistes sterben können
und bis zum letzten Atemzug kämpfen. Ich glaube, dass wir den Engländern ein Beispiel für die Zukunft geben.* Oder: *Wir werden wie
Gentlemen sterben. Ich glaube, wir beweisen damit, dass Mut und
Durchhaltekraft unserem Volk nicht verloren gegangen sind.*

An die englische Öffentlichkeit gerichtet, notiert er: *Die Ursachen
des Desasters liegen nicht in fehlerhafter Organisation, sondern in unserem Missgeschick bei allen Risiken, die eingegangen werden mussten
– der Verlust der Ponys, das Wetter, der weiche Schnee in den unteren
Bereichen des Gletschers … Ich glaube nicht, dass Menschen jemals
einen solchen Monat durchgemacht haben, wie wir ihn durchmachen
mussten. Wir wären durchgekommen ohne die Erkrankung von Rittmeister Oates und den Brennstoffmangel in unseren Depots, für die ich
nicht verantwortlich bin.*

1913, als Scotts Tod, seine Tagebücher und Briefe der britischen Öffentlichkeit bekannt werden, wird sein Sterben als Ausdruck britischer Größe und Tugend gewertet, die Niederlage der Briten auf
dem antarktischen Kontinent zur Legende auf den Heroismus einer
Nation verklärt, die am Rande eines Krieges steht. Auch das Empire

wird Männer brauchen, die zum Ruhm und zur Ehre des Königreiches den Tod nicht scheuen.

Bowers, anders als Scott, hat nicht die Kraft und nicht das Talent, sich in künftigen Legenden aufzuheben. Sein Abschied fällt leise aus. *Ich vertraue weiter auf IHN und die überreiche Gnade meines Herrn und Erlösers, auf den zu vertrauen Du mich gelehrt hast. Um Deinetwillen, liebe Mutter, würde ich gern durchkommen. Doch ist es herrlich, mit solchen Gefährten aus dieser Welt zu scheiden. Es wird keine Schande zurückbleiben und Du wirst erfahren, dass ich bis zum Ende gekämpft habe. Wie sehr fühle ich mit Dir, wenn Du dies alles hören wirst, aber Du kannst gewiss sein, das Ende war für mich friedvoll, denn es ist nur ein Schlaf in der Kälte.*

Der Sturm hat Schneewehen um das Zelt aufgeschaufelt und wieder auseinander getrieben. Wilson, Bowers und Scott frieren, der Hunger macht sie zunehmend apathischer.

Unter dem Datum 29. März 1912 notiert Robert Falcon Scott seine letzten Eintragungen. *Seit dem 21. hat es unaufhörlich aus Südwest gestürmt. Jeden Tag waren wir bereit, nach unserem nur noch 11 Meilen entfernten Depot zu marschieren, aber draußen vor dem Zelt ist die Landschaft ein wirbelndes Schneegestöber. Wir können jetzt nicht mehr auf Besserung hoffen. Aber wir werden bis zum Ende aushalten; der Tod kann nicht mehr fern sein. Es ist ein Jammer, aber ich glaube nicht, dass ich noch weiterschreiben kann.* Seine Hände sind ohne Kraft und seine Finger vom Frost aufgeplatzt. *Um Gottes willen – sorgt für unsere Hinterbliebenen! – R. Scott*

154 Acht Monate später, am 11. November 1912, wird das grüne Zelt gefunden. Scott hat die Klappe seines Schlafsacks zurückgeschlagen, seinen Arm um Wilson gelegt. Die Gesichter der Toten sind zum friedvollen Schlaf verklärt. Das Zelt ließ man über den Leichen zusammenfallen und begrub sie so, wie man sie gefunden hatte, in ihren Schlafsäcken. Zur selben Zeit hat Roald Amundsen, der inzwischen die Pläne einer Driftfahrt mit der *Fram* zum Nordpol aufgegeben hatte, seinen Reisebericht über die Entdeckung des Südpols bereits fertig gestellt. Das Buch erscheint noch 1912 auf dem Markt und beginnt mit diesen Worten: *Ich sitze im Schatten der Palmen, umgeben von einer üppigen Vegetation, schwelge im Genuss herrlichster Früchte und schreibe die Geschichte der Südpolarforschung.*

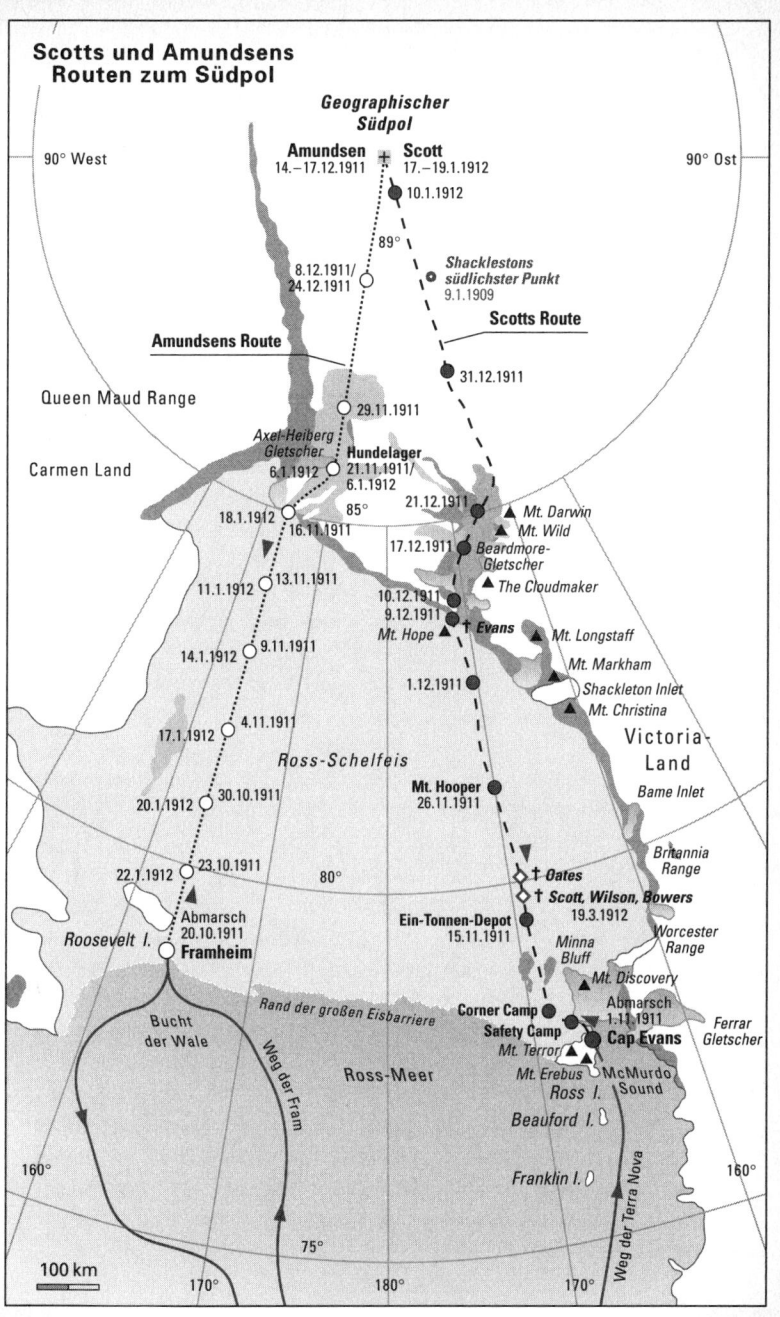

Scotts und Amundsens Routen zum Südpol

Geographischer Südpol

Amundsen 14.–17.12.1911 **Scott** 17.–19.1.1912

90° West — 90° Ost

10.1.1912

89°

8.12.1911/ 24.12.1911

Shacklestons südlichster Punkt 9.1.1909

Scotts Route

31.12.1911

29.11.1911

Queen Maud Range

Amundsens Route

Carmen Land

Axel-Heiberg Gletscher 6.1.1912

Hundelager 21.11.1911/ 6.1.1912

85°

18.1.1912   16.11.1911

21.12.1911   ▲ Mt. Darwin
▲ Mt. Wild

17.12.1911   *Beardmore-Gletscher*
▲ *The Cloudmaker*

11.1.1912   13.11.1911

10.12.1911
9.12.1911   † *Evans*
Mt. Hope ▲   ▲ Mt. Longstaff

14.1.1912   9.11.1911

1.12.1911   ▲ Mt. Markham
Shackleton Inlet
▲ Mt. Christina

17.1.1912   4.11.1911

Victoria-Land

Bame Inlet

20.1.1912   30.10.1911

Ross-Schelfeis

Mt. Hooper 26.11.1911

Britannia Range

22.1.1912   23.10.1911

80°

◇ † *Oates*
◇ † *Scott, Wilson, Bowers* 19.3.1912

Abmarsch 20.10.1911
Framheim

Roosevelt I.

Ein-Tonnen-Depot 15.11.1911

Minna Bluff

Worcester Range

Bucht der Wale

Rand der großen Eisbarriere

Corner Camp
Safety Camp   **Cap Evans**
Mt. Terror   **Abmarsch** 1.11.1911

▲ Mt. Discovery

Ferrar Gletscher

Weg der Fram

Ross-Meer

Mt. Erebus   *McMurdo Sound*
Ross I.

Beauford I.

Franklin I.

Weg der Terra Nova

100 km

160°   160°

170°   180°   170°

75°

Bildnachweis

AKG, Berlin: 1, 2, 10, 11, 14, 19; Amundsen, Die Eroberung des Süd-pols, Bd. 1, München 1912: 3, 13, 18, 20; The Norwegian with Scott, London 1984: 5; Popperfoto: 6; Bilderdienst Süddeutscher Verlag, München: 7, 8, 9, 12, 16; Royal Geographic Society: 15; Scott Polar Research Institute: 17, 22; Ullstein Bilderdienst, Berlin: 21

Christoph Ransmayr

Die Schrecken des Eises und der Finsternis

Roman

Mit 11 Abbildungen

Band 5419

Im Zentrum dieses faszinierend vielschichtigen Abenteuerromans steht der authentische Bericht über das Schicksal der österreichisch-ungarischen Nordpolexpedition unter Weyprecht und Payer, die im August 1873 nördlich des 79. Breitengrads zur Entdeckung eines unter Gletschern verborgenen Archipels führte, doch dann scheiterte: die »Admiral Tegetthoff« wurde im Packeis eingeschlossen. Simultan dazu wird eine zweite, eine fiktive, Geschichte erzählt: ein junger Italiener namens Josef Mazzini, der sich in Wien mit Gelegenheitsjobs über Wasser hält und ansonsten Tagträumen nachhängt, begeistert sich für die Hinterlassenschaft dieser Expedition, denkt und phantasiert sie nach, bricht schließlich auf, sie in Wirklichkeit nachzuvollziehen: seine Spur verliert sich in den Eislandschaften Spitzbergens. Ransmayr hat die beiden, zeitlich mehr als 100 Jahre auseinanderliegenden Abenteuer kunstvoll zu einer bizarren ›Chronik des Scheiterns‹ verknüpft; sie entlarvt den Entdeckerehrgeiz als Wahn, als unsinnige Jagd nach persönlichem und nationalem Ruhm: Der Nordpol als »Fluchtpunkt der Eitelkeiten«.

Fischer Taschenbuch Verlag

fi 1246 / 4

Audrey Schulman

Die Farben des Eises

Roman

Aus dem Amerikanischen von Michaela Link

Band 13411

Die kanadische Stadt Churchill, in Mintoba gelegen, wird jeden Herbst von Eisbären heimgesucht, die oft nahe am Verhungern auf den Straßen herumspazieren und den Müll nach Freßbarem durchwühlen, bevor sie sich quer durch eine Eislandschaft zu ihren Winterquartieren an der Hudson Bay aufmachen. Beryl ist Naturfotografin. Auf einer Expedition ins polare Eis soll sie die Bären aus der Sicherheit eines eisernen Käfigs heraus in ihrer natürlichen Umwelt fotografieren. Meistens war ihr Tätigkeitsfeld der Zoo und nicht die Wildnis. Mit ihr auf dieser Expedition sind drei Männer: David, ein Videofilmer; Butler, ein Zoologe, expeditionserfahren; Jean-Claude, der halb von Eskimos abstammende Expeditionsleiter. Noch bevor die Gruppe das Städtchen Churchill verlassen hat, sind sie bereits in Lebensgefahr. Die High-Tech-Ausrüstung, sämtliche zivilisatorischen Wunderdinge nützen nur noch wenig in der todbringenden Umgebung, in der der Käfig aufgestellt werden soll...

Fischer Taschenbuch Verlag

fi 1048 / 4